ヴィジュアル版
教師の歴史

ディアドラ・ラフテリー 著

立石弘道 訳

ヴィジュアル版
教師の歴史

ディアドラ・ラフテリー 著

立石弘道 訳

CELEBRATING TEACHERS
A Visual History

by Dr. Deirdre Raftery
Conceived, edited and designed by Fil Rouge Press Ltd.
46 Voss Street, London E2 6HP
Text copyright © Deirdre Raftery, 2016
Original edition copyright © Fil Rouge Press Ltd, 2016

Japanese translation rights arranged with
Fil Rouge Press Limited
through Japan UNI Agency, Inc., Tokyo

目　次

はじめに ……………………………………………………………………………………… 6

第一部　近世まで …………………………………………………………………… 10
古代…12　中世…16　近世（1450 年頃〜 1800）…22

【教師の服装】 ……………………………………………………………………………… 36

第二部　19 世紀 ……………………………………………………………………… 38
教師と慈善団体による教育…40　アメリカにおける教師の養成…44
モニトリアル・システム（助教法）…46
アイルランドの教師たち…48　女子教育…50　教育と布教…54
アメリカ先住民（ネイティヴ・アメリカン）の学校教育…62
オーストラリアとニュージーランドにおける先住民教育…64
普通教育（Universal Education）…66　世界の教育・学習理論…70
変化する教育…74

【スレート（石板）からタブレットへ】 ………………………………………………… 86

第三部　20 世紀 ……………………………………………………………………… 88
変化する教室…90　教育に関する研究…92　教える条件…100
スロイド教育…102　教育についての社会調査の衝撃…104
革新者と教職…106　教育と変化…110　教員教育と養成訓練…116
試練の時代——戦争と恐慌…120　物語の中の教師…132
映画の中の教師…142　テレビ作品の中の教師…148　舞台の上の教師…154

【詩と教育】 ………………………………………………………………………………… 158

第四部　教職の現在と未来 ……………………………………………………… 160
教師たちと教育の革新…162　人生に変化をもたらす教師…166
教師と芸術…170　教師、テクノロジー、そして変化…174
教師としての博物館・美術館…176　称賛される教師たち…178

【教育の擁護者】 …………………………………………………………………………… 180

参考文献 …………………………………………………………………………………… 182

索引 ………………………………………………………………………………………… 184

画像のクレジット ………………………………………………………………………… 189

謝辞 ………………………………………………………………………………………… 190

7ページ：
ジェンティーレ・ダ・ファ
ブリアーノによる「文法」
と題する15世紀のフレス
コ画の細部。イタリア、ウ
ンブリア州、フォリーニョ、
トリンキ・パレス内 Hall
of liberal Arts and of the
Planets 所蔵。

はじめに

　教師という職業を称える意図のもとに企画された、ヴィジュアルな歴史の本を書くのは、喜びと同時にチャレンジだった。喜びは、歴史、とりわけ社会史のなかで教師が果たしてきた多様な役割を辿ることにあり、チャレンジは、限られた時間と紙面のなかでその歴史を可能な限り捉えることにあった。

　古代から、教師は次の世代に知恵を伝える役割を評価されてきた。しかし同時にその職業には苦難がつきまとった。ことに戦争や危機の時代には非常な重荷に耐えねばならかった。その重労働を理解しない雇用者や政治家たちによって教師はしばしば無視されてきた。教師が難問に対処した多様な方法のすべてに触れることは出来ないが、この本はわれわれが忘れてはならない非凡な男女の教師としての仕事を垣間見る一助となるだろう。

教師という職業の困難と喜びは、映画、ドラマ、小説に描かれており、作家・芸術家たちは作品をとおして教師たちの代弁をしてきた。したがって歴史的事実と並行して文学や映画などに描かれた教師像を扱うことも重要だと考えた。また現代の若い教師たちの声を捉え、生徒たちが彼らに多大の恩恵を感じているさまも示したいと思った。

この本は四部から成っている。第一部は古代からの教育を辿り、ローマから中国、ギリシアからインドへと、世界各地において教師が果たした重要な役目を概観する。中世の大学、学寮、修道院に触れたあと、初期近代に関する章では、教育哲学が教室での実践を形成したさまを捉え、異なる国々における教育の物質的側面の発展を辿る。第二部は特に北アメリカとヨーロッパに焦点を当てて、19世紀の教育を取りあげる。ヨーロッパからアジア、アフリカに向かったキリスト教宣教師たちの教育的熱意にも触れる。19世紀は教育において大きな挑戦がなされた時代で、大衆に教育の門戸を開き、女性に高等教育の機会を与えた。いくつかの教育革命もここで取りあげる。

20世紀を対象とした第三部は読者に馴染み深い部分だろう。ここでは戦争と経済不況が教職に与えた影響が語られ、オーラル・ヒストリーの手法によって教師たちの声が再現されている。大衆文化のなかに登場する教師や、著作によって世間の注目を集めた教師たちも紹介されている。最後の第四部では、いくつかの教育改革と改革者たちに目を向ける。テクノロジーの影響とともに、教育的リーダーシップと諸種の企画に脚光を当てている。

教職を称えるという視点は、幾分かは私自身の経歴を反映している。私は大学教員として教師の育成に当たるまでの6年間、中・高校の教師をしていた。私は教職に対して多大な敬意を抱いているが、それは過去25年間、何百という教室を訪れる特権に恵まれたことと無関係ではない。この企画にさいして、網羅的で公平でありたいと努めたが、多くの教師や教育改革者をこの本に入れることが出来なかった。そのような教師の方々に、またすべての教師に対して、称賛と敬意をもってこの本を捧げよう。

Dr. ディアドラ・ラフテリー
（王立歴史協会会員）

1 近世まで

　あらゆる文化において、非公的な教育を子どもに与えるのは伝統的に親であったが、教師もまた知識を伝え、子どもの知性と教養を形成するうえで主たる役割を担った。賢者が生徒の集団を教えるという、公的な教育は紀元前1500年頃に始まった。教育の理論と実践の発展、および教師の公的養成は時代がくだって17世紀末の出来ごとで、出版の興隆と大学における教育の研究をともなっていた。

近世まで

10 ページ：
勉強するマッシミリアーノ・スフォルツァ。『ドナトゥスの文法書』より。15 世紀イタリアのベラム写本。

11 ページ：
教師と生徒。ローマの石材のレリーフ。

13 ページ：
書記像。石灰石を彩色したもの。エジプト、ガザ。第四王朝のファラオ、クフの時代（紀元前2589～紀元前2566）。

古代

　多くの社会で、教育は変化をもたらす主要な手段であると同時に、文化的伝統の継承を可能にし、創造性、安定性を育て、進歩に寄与してきた。古代ギリシア、ローマで生まれた教育理念や実践は、現代にまで影響を及ぼし、われわれの教師観、学校観を形づくった。プラトン、アリストテレスなどの哲学者たちが、若者に教育をし、成人の生活と社会的責任に向けた準備をさせる適切な方法を理論づけた。彼らの教育観はいまだに現代の教師たちによって学ばれ、「よい教師」のあり方を理解するのに不可欠である。

メソポタミア

　史上最古の教育は寺院でおこなわれ、道徳律が説かれ、生徒は共同体のなかでの生き方を学んだ。僧侶や賢者は暦を定め、大体の観察もおこなった。彼らには記号を用いて自分たちの考えを書きとめる必要があり、そうした状況下で読み書きが発展した。

＊文字の起源　紀元前 3000 ～紀元前 2000 年

　後世のメソポタミアの神話は、書くことの始まりを書記の神ナブーに帰している。周知のように、旧石器時代の人間は図像というかたちの表現をもっていたが、それがどのようにして教師から生徒への伝達が可能な、意味をもつ記号へと発展したのか、その過程はつまびらかでない。おそらく原始的な表記法が生まれ、それを湿った粘土の板に木材や骨で作った尖筆で刻み付けることができるようになったのだろう。紀元前 3000 年頃にはメソポタミアの人びとは、9 までの自然数とともに表記法を使っていた。何千という複雑な記号から成る表記法が発達し、それはほぼ 3000 年間にわたり使われた。その時期に公的教育機関が存在したかどうか知ることは出来ないが、複雑な記号体系が存在した以上、書記を対象とした何らかの教育組織があったと思われる。

＊教育とリテラシー　紀元前 2000 ～紀元前 1500 年

　紀元前2000年からの1000年間、書くことは尊ばれ、僧侶にとってことばの研究は非常に重要であった。知見の伝達は主として口頭でおこなわれたが、厳重に守られた幾つかの秘儀は書き残された。紀元前 2000 年頃までには、書記は珍しい存在ではなくなっていた。リテラシーが社会的優越性と結びついていたので、書記になることは名誉であった。公的教育はエデュブバと呼ばれる書記養成学校でおこなわれた。紀元前 2500 年頃に学校での勉強に使われた書き板が発掘されている。ドゥブサルと呼ばれた教師たちが生徒のために教材の準備をし、学校の運営に当たった。生徒は柔らかい粘土板に書いて直してもらい、それが済むと粘土板は丸められ延ばされて新しい書き板として使われた。生徒は上達するともっと長い粘土板にさらに多くの文字を書いた。書記の読み書きの仕事は、服従とルールの順守が要求され、創造性は容認されなかった。

　古代エジプトでも、象形文字と計量・計算を目的とした計算法が非常に重視された。秀でた能力、勤勉、従順に対する報酬として、行政職での昇任が与えられることもあった。勉学に励む書記は不滅の命を得るとさえ示唆され、パピルス、書き板、葦のペンなどはたいそう価値のある道具だった。貴族マセヘットの息子カイが、書き手の記憶は永遠であると述べている。「書記であれ、記憶を留めよ。」

近世まで

上：
プラトンのアカデミー（アテナイの学堂）。モザイク画。イタリア、ポンペイ。

「教えることによって、
われわれは学ぶ。」
　　　　　　セネカ（息子）
　　（紀元前4年頃〜紀元後65年）

古代ギリシア

　メソポタミアとエジプトの人びとからの文化遺産はギリシア、ローマ、ビザンチン、ヘブライ、アラブの人びとの文化に寄与した。アテネでは教育は家庭で始まった。ゆとりのある家の子どもは7歳になると学校に行き、そこで読み書きと計算を学んだ。アテネの少年少女にとって体育も重要だったが、少年だけが体育の仕上げとして錬成場に進んだ。身体能力と美しさが非常に重んじられた。

　上の階層の子どもは14歳になるまで公的な初等教育を受けたが、貧しい家の子どもの教育は短く、そのあとはしばしば商売や技術を習った。14歳になると裕福な家庭の少年は学校で、もしくは哲学の教師について次の段階に進んだ。そのなかには軍隊生活のための準備も含まれていた。

　スパルタの教育はアテネの教育と異なっていた。すべての男子が兵士であることが社会的に要請され、訓練の一部として、現代の「新兵訓練所」に相当するアゴゲ（agoge）も存在した。ここで少年と若者は不屈の闘士になる訓練を受けた。スパルタでは少女や女性も高度の体育教育を受け、走法、やり投げ、格闘を学んだ。

＊ギリシアの哲学者と教育

　西洋哲学の父と言われるソクラテス（紀元前470/469〜紀元前399）はギリシア古代の哲学者で、その思想は主として彼の高名な弟子プラトン（紀元前427年頃〜紀元前348）の著作によって後世に伝えられている。プラトンは西洋の最古の高等教育機関、すなわちアテネ郊外アカデモスの森にあったアカデミーの創立者だった。教育思想、ことに教育方法についての彼の遺産は今も世界で認められている。プラトンはまた、男子の教育に匹敵する女子の教育を最初に唱えた人である。対話形式で、プラトンは修辞学、数学、論理学、倫理学、宗教など多くの科目を教えた。対話はソクラテスの思想の表現であり、対話による討論・論争という形式はソクラテスの問答法として知られるようになった。これは最も重要な教授法といってよいもので、批判的、分析的な答えを引き出し、相手を内省的学習に引きこむための問いかけが中心にある。目標は洞察力の育成で、今日でさえ教師たちがプラトンを研究するのは、彼の思想的遺産のためばかりではなく、論争、分析、論理をとおして知識と理解が最もよく獲得できるからである。

古代ローマ

ローマの教育制度はギリシアの制度に基づいており、ローマの有力な家柄の息子たちに高いレベルの教育を授けることに重点が置かれた。高レベルの学問を志すローマ人はギリシアに行って哲学を学んだ。ローマ人は体育と人文教育にさほど重きを置かなかったが、武芸を非常に重視した。ギリシアのようにローマにおいても女子教育はかなり限定されていた。

裕福な家庭は家庭教師を雇って、家で息子を教育し、さらに学校に通わせる場合もあった。教師は litterator（学校教師）と呼ばれ、詩や文学を用いて生徒を教えた。その後、男子生徒は grammaticus（文法学者）のもとで学び、言語と文章のスキルを磨いた。最も有望な生徒は rhetor（修辞学教師）のもとでさらに勉強をした。修辞学の習得は政治家になるため、または哲学の研究のために必要だった。こうした異なるタイプの教師は、知識の伝達だけでなく、社会制度の維持のためにそれぞれ重要な役割を果たした。高等教育はエリートの仕事で、地位と名声をともなっていた。このような西洋文化の初期の時点から、今日なお存在している教育の特質が認められる。つまり教育は成功と権力へのパスポートであり、能力を有する者は教育によって指導者や理想主義者になり得たということである。

中国

孔子（紀元前551～紀元前479年頃）の思想は、知恵の源および模範としての教師の役割を強調した。生徒が学ぶべきものは、音楽、弓術、儀礼、書道、戦車の操縦、計算、それに加えて雄弁術、治世、道徳であった。道徳性や知性の涵養に教育が果たす役割が明らかにされており、孔子は自身で教えるに際し、入念な問いかけと内省という方法を用いて、生徒の思考力を伸ばした。よい教育とは生徒を慈悲深く責任感の強い人間に育てるべきものであった。孔子は書いている。「学びて思わざれば則ちくらし、思いて学ばざれば則ちあやうし。」（論語 2.15.）

インド

仏教は紀元前6～紀元前4世紀の間にインドで生まれ、中央アジア、東南アジア、朝鮮、中国、日本へと広まった。仏陀（サンスクリット語で「覚醒した者」を意味する）は教師で、仏教の「三宝」は、仏（仏陀）、法（ダルマ）、僧伽（サンガ、僧院）であった。僧から授けられる知恵が、世界各地から生徒を引き寄せた。仏教教育の主たる目的は仏教の伝播によって涅槃（ニルヴァーナ）が実現することであった。人生の諸問題に解決を見出すことは仏教教育の関心の一部であり、教師たちの主たる教授法は問いかけ、内省、議論であった。

上：
そろばんを使う男。1814年頃の挿絵。最古のそろばんの玉は豆や小石で、木、石、金属の皿の窪みにそれを動かしていた。中国のそろばんは紀元前2世紀までさかのぼる。古代のそろばんはローマやメソポタミアからも出土している。

中世

476 年にローマが滅びたあと、14 世紀にルネサンスが始まるまで、ヨーロッパは中世あるいは「暗黒」時代と呼ばれる時期を経過した。ヨーロッパの暗黒時代という概念は、ルネサンス期に広まったが、それはヨーロッパの人びとが歴史を顧みて、自分たちが古代ギリシアやローマの教育的・文化的遺産を浪費し、科学や芸術において何ら重要な発展を成し遂げなかったと考えたからであった。しかしながらヨーロッパの中世は、教育の停滞どころか、男性、女性、子どもの教育において特筆すべき発展が見られた時期である。

僧院付属の学校

ローマ帝国滅亡後のヨーロッパ大陸には統一的統治がなく、中世をとおしてカトリック教会が最大の権力をもった。聖職者や女性の信徒の指導のもと、学校・大学が西ヨーロッパで栄え、教師は多くの尊敬を集めた。

4 〜 12 世紀に至るまで、僧院や女子修道院付属の学校が最も重要な教育機関で、そこでは古典の勉強が絶えることなく続けられた。貴重な古典の写しを作り、古代ギリシア語を学び、重要な文書の翻訳をおこない、見事な筆跡と絵で写本を飾った。やがて重要な知識の貯蔵庫となる図書館も作られた。

イタリアでは、ヌルシアのベネディクトゥス（聖ベネディクトゥス）が修道士のための 12 の修道院を創設し、ベネディクト会の修道士や修道女が守るべき会則を定めた。会則には修道士、修道女の読み学ぶべき務めが記されている。西洋の修道院制度の創設者とみなされる聖ベネディクトゥスは、ローマ帝国崩壊後、停滞したヨーロッパ文化・文明に多大の影響を及ぼした。

学問を中心とする多くの修道院が、スペイン、フランス、アイルランドなどの国々で創設された。

スペイン、トレド近辺の聖コスマスと聖ダミアヌスの修道院では、薬学や初歩の天文学のような科学の科目があった。アイルランドの修道院付属の学校はヨーロッパ中に知られ、ローマ、ブリテン、ドイツ、遠くはエジプトからも古典、文学、科学、宗教を学ぼうとする生徒を受け入れた。アイルランドの修道院は学問を広めるために、外国に学者を送りだすこともした。修道士のもとで学んだ多くの若者は、族長、王、貴族の息子で、将来は軍人か文官であった。修道院付属学校はまた、巡礼や旅行者に修道院を宿舎として提供することで、広く社会に貢献した。

中世の女子修道院

中世の女子修道院では、修道女が見習いの修練女を教育した。女子修道院の多くは富裕な家庭の娘のための教育もおこない、時には修道女が少年を教えることもあった。1536 年にイングランド、ウインチェスターの聖マリア修道院を訪ねた関係者の証言によれば、生徒は全員、貴族、騎士、ジェントリー（郷紳）の子どもであった。中世における一般信徒のための女子修道院の教育の規模は不明だが、ブリテンでは女子修道院の 3 分の 2 が謝礼を受け取って教育を授けていたと思われる。フランスの女子修道院は一般信徒の教育もおこなった。例えばアルジャントゥイユとアンジェの修道

17 ページ：
僧院付属学校で、わが子に教育を受けさせるためにお金をさし出す親。12 世紀『グラティアヌス教令集』の細密画。

近世まで

上：
エロイーズとアベラール。『薔薇物語』から。ジャン・ド・マンによるベラムの絵（1370年頃）。

院では少女や成人女性が修道女から古典を学んだ。

　女子修道院は俗世から隔離され、居住者は広い世界から切り離されていたが、そこでの学問が社会に影響を及ぼしたことを示す明らかな証拠が存在している。たとえばビンゲンの女子修道院長ヒルデガルド（1098～1179）は自然科学と治療に大きな貢献をした。多くの場合、修道女の教養は修道院に入る前に得たものであった。そのような女性たちはほかの修道女や一般信徒たちを教育する絶好の立場にあった。彼女たちは教会の内部でリーダーシップを発揮し、権力ある地位に就いた。娘を主だった女子修道院長にしたい貴族たちは、娘が高度の教育を受けるよう腐心した。

*アルジャントゥイユのエロイーズ（1095年頃～1164）とピエール・アベラール（1079～1142）

　ピエール・アベラールと交わした手紙のなかの知的な対話で有名なフランスの女子修道院長エロイーズは、パリ近くのアルジャントゥイユの修道院で教育を受けた。おじで司教座聖堂参事会員フュルベールの保護を受けていたというほかは、若いころのエロイーズについては知られていない。彼はエロイーズを女子修道院に入れ、彼女はそこで修道女たちによって育てられた。ヘブライ語、ラテン語、ギリシア語で非凡な才能を見せた彼女はその学識によってヨーロッパ中に知られた。

　17歳になる頃には、パリの高名な教師・哲学者ピエール・アベラールの指導を受けられるほど知的進歩を示した。アベラールはやがて彼女を誘惑し、エロイーズは身ごもった。ふたりは密かに結婚したが、彼は哲学者としての仕事が続けられるように画策して、エロイーズが育ったアルジャントゥイユの女子修道院に彼女を住まわせた。彼に励まされて彼女は修道女となり、最終的には女子修道院長の地位についた。アベラールはパリのサン・ドニ修道院の修道士となった。ふたりがやりとりしたラテン語の手紙のいくつかは現存している。ある手紙でエロイーズは聖書の解釈にかかわる42の問題を示して彼の回答を求めているが、非凡な知性の持ち主であった彼女の面目躍如である。エロイーズとアベラールの物語については学者の間で見解の相違があるが、生徒と教師とを扱ったこの中世のロマンスは、クリスティナ・ロゼッティやアレクサンダー・ポープなど詩人たちにインスピレーションを与えた。多くの小説のなかに登場し、画家、作曲家、劇作家、映画関係者に影響を及ぼした。

*ビンゲンのヒルデガルト（1098～1179）

　ベネディクト会修道女ヒルデガルドは、神秘家・著述家・哲学者だった。8歳のとき、ディジボーデンベルグ、パラティンフォレスト（現在ドイツの地区）のベネディクト会修道院に送られ、そこで教育を受けた。エロイーズと同様に、ヒルデガルトもやがて自分が学んだ女子修道院の院長になったが、のちに修道女たちをビンゲンの女子修道院に移した。

中世

「本物の神学教師で、自然科学と音楽に造詣の深い学者。」

法王ベネディクト 16 世
（2012 年 5 月、聖ペテロ広場で群集に呼びかけた際、ビンゲンのヒルデガルトについて法王ベネディクト 16 世が語ったことば）

ヒルデガルトは優れた治療をおこなった。自然科学に関する彼女の著述は薬草と薬品についての博識を示している。詩人、作曲家、修辞学者としても高名であった。

当時女性が教え、公の場で説教をすることは認められていなかったが、ヒルデガルトはドイツに4回説教旅行に出かけた。残した著述の多くは彼女の生前に公にされ高い評価を得た。ヒルデガルトは列聖されていないが、法王ベネディクト 16 世は、2012 年に彼女を教会の博士に加えた。この称号を与えられたのは僅か 35 人、全員がカトリックの聖人で、女性は 3 人のみである。

上：
書記のフォルマール、友人のリヒャルディスの前で幻視を経験するヒルデガルド（1220 〜 30 年頃）。

19

近世まで

上：
「マーガレット・ボーフォート」リッチモンド・ダービーの伯爵夫人（1443～1509）、ケンブリッジ、セント・ジョンズ・カレッジの創立者、またヘンリー7世の母親。アクアチント版画。『ケンブリッジの歴史』(1815) より。

大聖堂付属学校

中世ヨーロッパでは、大聖堂の聖職者たちが大聖堂付属の学校を経営し、高貴な家柄の子弟はそこで教育を受けることができた。そのような教育はしばしば聖職につかせる準備で、大聖堂付属学校は一種の徒弟訓練の場だった。そこでは教会音楽を提供するために、合唱曲関係の学識者も育てられた。

イギリスで最古の、最も有名な大聖堂にはカンタベリー大聖堂（597）やヨーク大聖堂（627）がある。多くの大聖堂付属学校が今日も残っており、そのひとつソールズベリー大聖堂付属学校（1091）では同聖堂の合唱隊員を育成している。

大聖堂付属学校は本来聖職者となる男子の教育が目的であったが、やがて法律や医学関係の仕事に就くためにラテン語やほかの科目を学ぶことを希望する生徒たちも集まるようになった。高名な教師たちのもとにヨーロッパ中から生徒が来るようになり、彼らはオーリヤックのジェルベールのような卓越した教師の指導を受けるために、遠隔の地からの旅も意に介さなかった。ジェルベールはランスの大聖堂付属学校の創設者で、科学の教育によってその学校を有名にした。もうひとりの高名な教師は、パリのある大聖堂付属学校で神学と哲学を教えたピエール・アベラール（18ページ参照）である。

大聖堂付属学校は、本来は伝統的なラテン語教育の場として生まれたが、広い範囲の教育をおこなった。教師たちの専門知識は法律や医学から7つの教養科目の各分野に及んだ。すなわち科学の4学科（天文学、幾何学、数学、音楽）と文法、修辞学、論理学の3学科である。

中世の大学

University（大学）ということばは、"*Universitas magsistrorum et scholarium*" というラテン語、つまり「教師と学者の共同体」に由来している。中世ヨーロッパの大学はイタリア、スペイン、フランス、ポルトガル、イギリスに設立された。これらの大学はそれ以前の僧院付属学校と大聖堂付属学校から派生したもので、聖職者を育てることを第一の目的としていた。中世の大学が発展するにつれて、受け入れる学生は地元出身者だけではなく、いたる所からの学生を歓迎し、教養科目に加えて神学、法律、医学を教えた。授業は通常、マスターの称号をもつ教師によっておこなわれた。

名だたる大学のなかには、世界最古の医学部で9世紀に設立されたスペインのサレルノ大学が

ある。そこでは男性と女性の教師が教えたが、12世紀の最も名高い女性教授のひとり、サレルノのトロータは内科医で医学の著作を残した。彼女が書いた『女性の治療』はヨーロッパで広く知られた。

ソルボンヌとして知られるパリ大学は12世紀中葉に始まったが、正式には13世紀の最初の年、1201年にカトリック教会が設立したものであった。ソルボンヌの教師に関する規定は1215年にローマ教皇使節ロベール・ド・クルソンによって導入された。教養科目を教える資格は、少なくとも21歳で、6年以上研鑽を積んでいること。神学の講座担当者であるためには、8年間神学の勉強をしており、30歳に達していること。大学で教える者が品行方正であるべきと定められていることも重要である。

日本の学校

日本では、6〜9世紀にかけて、教育の理念が中国から伝えられた。仏教と孔子の思想が、日本における教育の伝統の形成に重要な役割を果たし、9世紀には今の京都に数か所、高等教育機関が存在した。日本の教育は、イエズス会（ジェズイット）など、渡来したキリスト教宣教師からも影響を受けた。フランシスコ・ザビエルとイエズス会の神父たちの一行が1540年代に日本に着き、ドミニコ会、フランシスコ会などの宣教師たちがそれに続いた。イエズス会は庶民に直接宣教をするよりも、支配者たちを感化しようと努め、カトリック信仰を教えつつ支配者たちから嫌疑をかけられないようにした。キリスト教が弾圧された時期、宣教の対象は「隠れキリシタン」だった。彼らは儀式や祈りを代々伝えた。

右：
ユダヤ人の教師と生徒。ベラム挿絵。シムハ・ベン・サミュエル・ハレヴィ『コーブルグ・ペンタテューク』（1395）より。

近世まで

近世（1450年頃～1800）

近世の最も重要な出来ごとは、活版印刷の発明である。それによって、前例のない速さで学問の伝播が容易になり、知識を基盤とする近代の秩序ができた。ドイツ人の印刷・出版業者ヨハネス・グーテンベルグ（1398～1468）は、活字を1個ずつ鋳型のなかに入れ、際限なく複製ができる技術を発明した。活字を組み、インクを塗れば、均一の「フォント（書体）」で大量の書物が印刷できる。この発明によって、冊子や本は速く、鮮明な活字で作れるようになり、教育と、一般的な情報と専門知識の両者の伝播は著しく促進された。

右：
教師と四人の生徒。木版画。ラテン語教科書の表紙。ヨハネス・シンシンによる初期刊本（1498）。

活版印刷の衝撃

活版印刷はルネサンス、宗教改革、啓蒙運動、科学革命の思想を広めるうえで、決定的な役割を果たした。グーテンベルグの印刷機は、現代のコンピューターの機能はなかったものの、人間のコミュニケーションにとって、インターネットにも匹敵する新たな地平をひらいた。疑いもなく、活版印刷は教師の育成に計り知れない寄与をした。学習のあらゆる場面に登場するようになった分厚い本からも、それは容易に推測できる。

右：
『印刷機を考案するグーテンベルグ』 ジャン＝アントワーヌ・ローラン。油彩画。1830年頃。グーテンベルグの発明は教師による学問、教育理論の普及に変化をもたらした。

教育哲学

7〜15世紀までに、公的教育に関する、英語で書かれた本が数冊世に出た。それらは、家庭で子どもに正しい教育を施したいと願う親たちや、少年少女のための適切な教育への手引きを必要とする教師たちの役に立った。ルネサンス期には、「修身」とも呼ぶべきジャンルの本が登場した。正しい宗教教育のため、また日頃の品行を子どもに教えるための手引きであった。トマス・ベーコン（1512〜67）、マイルズ・カヴァデール（1488〜1569）のようなプロテスタントの宗教改革者は、子どもを正しく導き、彼らの魂の救済を確かなものにするため、母親が聖書をよく知るべきことを強調した。

カトリックの人文主義者たちも、教育について広範囲の著述をした。オランダの教師・神学者のデジデリウス・エラスムス（1466〜1536）は、『キリスト教君主の教育』（1516）のなかで、古典文学を用いて読者を啓蒙すると同時に、よい教師は穏和な気質をもち、優れた徳性を有すべきことを主張している。1540年の『子どもの作法のための手引書』は広く読まれたが、さまざまな場面でのふるまい方を説いている。教育を論じた著名な思想家はほかに、カタロニアの教育理論家フアン・ルイス・ビベスやチェコ人の教育学者ヤン・アモス・コメニウスがいる。

＊フアン・ルイス・ビベス（1493〜1540）

ビベスは、ヴァレンシアおよびパリの幾つかの学校で教育を受けたのち、最終的にブルージュに住み、そこで知遇を得たエラスムスから多大な影響を受けた。1520年代にイギリスを訪れ、トマス・モアと知り合い、ヘンリー8世とアラゴンのキャサリンとの間に生まれた娘メアリーの家庭教師となった。1524年刊の『キリスト教女性の教育』では、女性は教育を受けなければならないが、教師になるべきではない、と主張した。

ビベスによれば、女性は聖書、教父たち、キリスト教の詩人を学ぶべきである。だが女性は治世や教育にかかわらないので、文法、論理学、歴史

を勉強する必要はない。女性の教育の目標は「知恵を身につけること」である。「知恵は作法や生き方を教え、善良かつ清らかな人生を導く。」

ビベスは父親が娘たちの教育に当たり、妻に何を教えるかは夫が決めるべきであると考えた。『夫の責務』という本のなかで、彼は夫が妻の教育を限定すべきであり、沈黙が女性の最大の美徳であると述べている。「妻が雄弁になりすぎぬように、断片的で慎重さを欠く主張をしないように、歴史の知識をもたせず、本に書かれた多くの事柄を理解させぬように」とビベスは指示している。

＊ヤン・アモス・コメニウス（1592〜1670）

モラヴィアのニヴニツェ（現在チェコ共和国に属する地域）で生まれたコメニウスは多くの教育者によって、教育学の父とみなされている。彼は教育理論を体系化することで、教育学にほかの学問と同等の地位を与えた。そのことを最もよく表しているのが、彼の著作のなかで最も広く知られた『大教授学』である。これは1631年に完成、その2、3年後に出版された。彼の教育理論は19世紀の人びとにも読まれ、今なお教師や教育理論家に影響を与えている。

右：
スペインの人文学者、哲学者フアン・ルイス・ビベスの肖像。作者不詳。

コメニウスは、教育は生涯続くプロセスで、教師はそれを楽しいものとするよう努力せねばならないと考えた。教師は生徒の年齢を考慮し、勉強を現実に沿った楽しいものにするべきである。彼は生徒に丸暗記を強要する教え方に反対し、自然や日常生活のなかから拾った事例を用いるのをよしとした。ヨーロッパ文化を学ぶ者は、諸言語への鍵となるラテン語を先ず習得し、次に文学・芸術作品を研究すべきであるというのが彼の信念だった。その著『開かれた言語の扉』（1632）はラテン語やほかの言語の教授法に大きな衝撃を与えた。コメニウスはハーバード大学の初代学長になることを要請されたという証拠が存在している。だが彼は辞退した。

*ジャン・ジャック・ルソー（1712～78）

ルソーはジュネーヴ生まれの、その時代の最も重要な教育哲学者のひとりで、教師たちへの影響力は今日も続いている。彼の著作は教育学専攻の学生のみならず、政治哲学やフランス革命の思想に関心をもつ研究者に読まれている。

ルソーは人間性に深い関心を寄せた。人間の道徳性はどのように育ち、想像力と自意識はどのように発達するか。教育についての彼の主要な著作は、『エミール、または教育について』（1762）である。この本は、いかに人間の善良さを養いうるか、いかにして理想的な市民を育てることができるか、を模索している。本は五部に分かれており、そのうち三部はエミールという少年の教育を、第四部は青年の教育を扱っている。

ルソーの「教師」観は独特で、子どもには自然、事物、人間という3人の教師がいると考えた。幼いエミールへの教育は、彼の情緒的、身体的、知的成長を促すものでなければならない。または彼の理性を育て、大人になったとき道徳的問題に対処し、決定ができるようにしてやらなければならない。教師は生徒に丸暗記によって学ばせたり、子どもの経験と関係のない知識を記憶させたりすべきではない。「事実」を教え、生徒の行動を規制する教師は、子どもを「鍛え」両親を満足させているに過ぎない。教師は「自然」が教えるに任せ、子どもに探検、発見、創造させればよい。そのようなプロセスこそ真の教育の本質であるというのが、ルソーの信念だった。

『エミール』の第五部は、エミールの理想的な女性の伴侶ソフィーにふさわしい教育について述べている。ルソーの女性教育観は論争を呼び、賛否両論の的となった。ルソーは、女性は受動的な弱い存在であるべきで、男性の気にいるように育てられるべきだと主張した。それを批判したひとりは教師で作家のメアリー・ウルストンクラフトだった。『エミール』に劣らず物議をかもした著書『女性の権利の擁護』（1792）のなかで、彼女は女性と男性の教育は同等であるべきことを主張した。

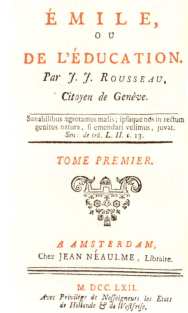

上：
ジャン・ジャック・ルソー
『エミール』（1762）の扉。

「若い教師よ、あなたに困難な仕事を与えよう。それは枠にはめずに生徒を統御し、まったく何もせずにあらゆることをおこなう技術を会得することだ。この技術はあなたの能力を示すためのものでも、生徒の親にあなたの価値を知らしめるためのものでもない。だがこれが成果を得る唯一の方法なのだ。」

ジャン・ジャック・ルソー『エミール』（1762）より

近世まで

上:
『サー・トマス・モアとその家族』 ローランド・ロックリー。キャンバス地油彩画（1592）。ハンス・ホルバイン（息子）の原画（1527）（18世紀の火災で焼失）に基づく。

女性と学問

　女性は公的活動をしないのだから、古典教育は不必要であるというのが社会通念であった時代に、トマス・モア（1478～1535）は若い妻に音楽と文学の教育をし、学問の雰囲気のなかで娘たちを育てた。娘たちは息子と同じ古典教育を授けられ、ほかの身分の高い家庭に娘の育て方の規範を示した。モアの娘たちの教養を目の当たりにしたエラスムス（24ページ参照）は、若い女性の教育に関してモアの影響を受けた。

＊アンナ・ファン・シュルマン（1607～78）

　女性が女子教育の是非をめぐる論争に参加した最初の記録は、オランダの優れた学者アンナ・マリア・ファン・シュルマンが書いた本である。その本は1641年に世に出、『若い女性と学問、女性は学者になり得るか』（1659）という題のもと、ラテン語から英語に翻訳された。彼女は生まれ故郷のケルンで家庭教育を受けたが、卓越した言語の才能をもち、敬虔なプロテスタントだった。ペルシャ語、アラビア語、フランス語、英語、ラテン語、イタリア語が完璧であったことを思えば、アカデミックな教育がすべての女子に与えられるべきだと彼女が考えたのは当然であった。伝統的に「男性の」科目とされた、文法、論理学、修辞学、形而上学、歴史を女性が学ぶことを認めるべきだと彼女は主張した。だが彼女は、女性がそのような教育を活かして公的な場で男性と競うことは勧めず、むしろ教育によって、女性が幸福で高潔なキリスト者になるべきことを説き、学問をと

近世（1450年頃〜1800）

「どの町どの村にも、小さな村にさえも、女性の教育という重大な仕事を引き受けようとする人びとがいる。その家の扉には、〈若い女性のための寄宿学校〉と金文字で書かれている。」

クレアラ・リーヴ『教育の計画』（1792）より

おして女性は神の愛に思いを致し、それをよりよく理解できるようになると主張した。

* メアリー・アステル（1666〜1731）

イギリスで、早い時期に女子教育のために闘ったメアリー・アステルは、ニューカッスル・アポン・タインで生まれ、家庭でよい教育を受けた。少女の教育への関心から、彼女が書いた本は広く知られ論議を引き起こした。『少女たちの真実にして最大の関心を促すための真剣な提言』（1679）と題されたその本は、若い女性が見せる虚栄心や愚かさは、彼女らが受けた浅薄な教育の結果だと主張している。

彼女は上流階級および中産階級の娘たちが受ける教育に対して批判的だった。その教育の主要な内容は、音楽、スケッチ、ダンス、歌などの「たしなみ」を教えることだった。

アステルによれば、若い女性たちが、よい教育を受け、健全な判断力をもつようになれば、虚栄や自慢という女性の「悪徳」は一掃される。アカデミックな女子教育に反対する人びとは、アステルの急進的な教育論を非難したが、アステルの教育論はよく知られた「ブルーストッキング」のような知的女性のグループのなかに支持を広げていった。

* 「ブルーストッキング」の人びと

18世紀イギリスで、社交界の花形レディ・エリザベス・モンタギュ（1720〜1800）を中心とするインテリ女性・男性のグループは、その文学サロンと、教育に関する彼らの多様な著述によって世に知られるようになった。そのなかには『ある若いレディに宛てた、知性の涵養についての手紙』（1773）の著者ヘスター・シャポーン（1727〜1801）、『サー・アイザック・ニュートンの哲学、女性たちに向けた解説』（1739）を翻訳したエリザベス・カーター（1717〜1806）がいた。

若い女性を家庭で教育するさいに役に立つ多くの本や雑誌が現れた。そのなかには『植物学入門』（1760）、『女性の教師』（1813〜14）、『女性インストラクター』（1815）、月刊雑誌『女性版スペクテーター』（1744〜46）があった。女性のためのオピニオン誌は上品なトーンを心がけており、時に女生徒のための学校や寄宿学校に置かれた。寄宿学校は数を増しつつあったが、授業のレベルは一様ではなく、教師自身がろくに教育を受けていない場合もあり、親たちの要求に追従することで、単に金儲けをもくろむ学校もあった。1792年クレアラ・リーヴは『教育の計画』のなかで、寄宿学校が教師ではなく「あらゆる種類の山師」によって運営されていると書いている。

左：
『アンナ・マリア・ファン・シュルマンの肖像』ヤン・リーフェンス（1607〜74）。

近世まで

上：
ロンドン、カムデンの孤児養育院。版画(1749)。赤ちゃんを抱いた母親たちが門の外で待っている。

29ページ：
博愛主義者、トマス・コーラム船長の肖像。ウィリアム・ホガース。1740年。

貧しい人びとの教育

18世紀に教育について書かれたものの多くは、上流から中産階級に焦点をあてていたが、貧しい子どもたちの教育とケアに関心を抱く個人やグループも多かった。孤児院や孤児のためのホームは、住居と同時にいくらかの教育を提供した。宗教団体が管理する施設もあった。カトリックの聖職者（修道女、神父、修道士）とプロテスタントの任意団体は、住み込みの場合もそうでない場合もあったが、孤児たちを世話し勉強を教えた。ドイツの孤児収容施設の設立は12世紀にさかのぼり、聖霊教会の修道士たちが1198年までに9つの施設を創設した。17世紀末までには、ドイツのどの都市にも孤児院があり、1万人以上を収容していた。スペインでは、孤児のためのホームのほとんどがセルヴィア、マドリッド、サラマンカのような都市に、16世紀に設立された。アイルランドでは、アイルランド海洋協会（1766）が孤児や船乗りの子どもたちのために、教育と徒弟訓練を施した。フランスでは、フランス・カトリック教会が経営する総合病院が、孤児や浮浪者の世話をした。イタリアでは、孤児はベニスのピエタ慈善院のような施設に収容され、音楽の才のある者は音楽や声楽を教えられた。

＊トマス・コーラム（1668～1741）

イギリス人船長のトマス・コーラムは、ドーセットのライム・レジズに生まれた。12歳になる前に船乗りになり、アメリカの植民地で多くの年月を過ごした。その後1694年にマサチューセッツで造船業を始めて成功し、やがてイギリスに戻って事業を続けた。だが彼が後世に残した最大の業績は1741～45年にかけての、ロンドン孤児養育院の創立である。

当時「ホスピタル」ということばは、ケアをおこなう施設を指し、付属の学校をもつ孤児の収容施設もそのなかに含まれた。ロンドン孤児養育院は、遺棄された子どもたちを世話し教育する目的で作られた。それは画家のウィリアム・ホガースの支持を得、彼は養育院の理事となり、子どもたちの制服をデザインした。作曲家のジョージ・フレデリック・ヘンデルも理事であり、彼の大作『メサイア』は慈善公演としてロンドン孤児養育院で演奏された。ヘンデルはまた有名なオラトリオの楽譜をこの養育院に寄贈した。この養育院は音楽の教育で成果をあげ、多くの生徒が陸、海軍の軍楽隊で演奏をした。

施設は1935年にハートフォードシャーに移された。1950年代には施設による孤児の世話は段階的に消滅し、養子縁組と里親探しがそれにかわった。コーラムの施設はほとんどの機能を停止し、「子どものためのトマス・コーラム基金」が設立された。もとの建物は残っていないが、ロンドン孤児養育院があった敷地の一部はコーラムズ公園として知られている。そこにある博物館には、ロンドン孤児養育院での子どもたちの歴史を辿った展示があり、そこで暮らした子どもたちの名前が記されている。2000年にロンドン孤児養育院は、ジャミラ・ガヴィンの小説『コーラム・ボーイ』の舞台となった。また舞台のために脚色されロンドンとブロードウェイで上演された。

近世まで

右：
ロジャー・アスカム『学校教師』の扉。教授法に関する初期の本（1570年にイギリスで出版）。著者は、幼少期のエリザベス王女、のちのエリザベス女王1世の家庭教師を務めた。

学校教師

　中世の教育はローマ・カトリック教会と深く結びついていたが、ヘンリー7世とエドワード6世の時代にイギリスに起こった変化は、少なからぬ影響を教育にもたらした。中世の大学は国王の絶対的権力に従属することになり、修道院は解体された。イギリスの大聖堂では、修道士にかわって修道会に所属しない聖堂参事会員が置かれ、学校は「王の学校」として再編成された。大学においては、教会の財産はカレッジ（訳注：「コレッジ」ともいう）に受け継がれ、チューダー朝をとおして、プロテスタントの新しいカレッジが次々に設立された。たとえばケンブリッジでは、1542年にベネディクト会宿泊所がモードリン・カレッジとして再建され、1584年にドミニコ会修道院の跡地にエマニュエル・カレッジが、1596年にはフランシスコ会修道院の跡地にシドニー・サセックス・カレッジが設立された。同様にスコットランドでは、フランシスコ会の財産を用いてアバディーンのマーシェル・カレッジが設立された。

　修道院に付属していた学校のほとんどは解体され、その土地は王のものとなった。基金によってできた幾つかの学校は存続した。エドワード6世の時代に多くのグラマー・スクールとギルド・スクールが設立された。グラマー・スクールは古典教育を提供し教理問答を教え、紳士にふさわしいふるまいなどの社交術も伝授した。『リリーのラテン語文法』（1540）や『キングズ・プライマー（王の定めた読本）』（1545）と並んで『英語聖書』が学校に導入された。グラマー・スクールはエリザベス1世とふたりのスチュアート朝の王の時期に広がり続けた。ラグビー（1567）、ハーロウ（1571）、チャーターハウス（1611）のような、個人的基金によって建てられたグラマー・スクールも出現した。

　修道院の崩壊とグラマー・スクールの発展にともなって、プロテスタントの学校教師が教育の責任を担うようになった。「学校教師」という職業が出現したのはこの時期だと一般に考えられている。フルタイムの学校教師が助手に支えられて学校の運営に当たった。学校教師には教職への適性をもつ、評判のよい人物が求められた。口頭での伝授は書く学習へと変わった。生徒は教科書をあてがわれ、練習問題を解いて教師に見てもらった。習字帳の前身ともいうべき「ペーパー・ブック」が、練習問題やラテン語の翻訳のために広く使用された。グラマー・スクールでは多くの時間がラテン語の学習に当てられた。教師は男子生徒にラテン語の書き取り、口述の両方をさせた。後者には討論が含まれていて生徒は弁舌を競いあった。口述訓練のクライマックスは「弁論」と「朗読」で、優れた生徒には賞が授与された。ラテン語を書く訓練には英語の文章のラテン語への翻訳や、「書簡」にラテン語のフレーズを取り入れる練習もおこなわれた。男子生徒に大学進学への準備をさせることが重視されていたので、学校教師は古典語に優れていることを示す必要があった。

近世（1450年頃〜1800）

＊ロジャー・アスカム（1515〜68）

　16、17世紀に数人の著述家が、学校教師の役割と責任を一般的な刊行物で取りあげた。最も有名なものはロジャー・アスカムが書き、彼の死後に出版された『学校教師』（1570）である。アスカムはヨーク近隣で生まれ、家庭教師から教育を受けた。15歳のとき、ケンブリッジのセント・ジョンズ・カレッジに送られ、1537年に同カレッジのギリシア語教授に任命された。エリザベス王女のギリシア語の家庭教師を務め、メアリー女王とエリザベス1世のラテン語秘書であった。彼はエリザベスが優秀な生徒で、語学の才能があると認めていた。『学校教師』で、彼はラテン語の簡単な教授法を示し、道徳的、知的進歩の理想的教育について述べている。

習字教師

　エリザベス朝および初期チューダー朝に出現した、別のタイプの教師は習字を専門とする教師だった。個人的に教える者も、学校で教える者もいた。最も有名な習字学校は、孤児のための学校クライスツ・ホスピタルに付属していたが、習字を教える対象は主に中流以上の階層の生徒だった。習字教師たちはしばしばジェントリーや貴族の子どもを彼らの館で教え、習字のほかに歴史、地理、外国語も教えた。息子のための家庭教師（チューター）、娘のための家庭教師（ガヴァネス）のほかに、ダンスの教師や歌の教師を雇う家庭もあった。

　個人で教える習字教師は小規模の学校を経営しており、ふつう中産階級の生徒が対象だった。読み書きに加えて、しばしば算数もそこで教えられた。教師のなかには教科書や教師用のマニュアルを出版して、副収入を得る者もいた。美しい筆跡は芸術性と教養の印であり、17世紀の写本に見られる精巧な書体は、習字の教育に付随した高レベルの技術を物語っている。

＊マーティン・ビリングズリー（1591〜1662）

　ビリングズリーは当時の主導的な習字教師で、17世紀初頭のロンドンで活躍した。彼はのちのチャールズ1世となるチャールズ皇太子の家庭教師だったと考えられている。彼の著書『美しい文字、または書記の喜び』（1618）には、人びとが習うさいの種々の「筆跡」が示されている。彼は6通りの見本を示しているが、そのなかには「婦人に教える普通の筆跡」や「イギリス人の一般的な筆跡」などがある。ビリングズリーは多くの習字教師に対して軽蔑的で、「雨後のタケノコのような連中」と切り捨てた。

上：
ロジャー・アスカムと王女エリザベス（後の女王）。版画。マイケル・バーガーズ。17世紀。

31

近世まで

上：
『ニュー・イングランド読本』の初版。1690年。

新世界の教師たち

　北アメリカという「新世界」における学校教育は、17世紀初めにクエーカー、ピューリタン、アナバプティストなど、異なる宗教的宗派の移住者たちがやってきたあと、徐々に広がりを見せた。初期の入植者は、礼拝の場と学校の建設を優先させた。どの宗派も、魂の救済に教育の果たす重要な役割を認識し、学校を運営する責任を託した教師を尊重した。1620年にプリマス植民地を拓いたピューリタンは、学校教育は自分たちの価値観の伝播と結びつけられるべきであると考えた。学校教師は規律のゆき渡った雰囲気のなかで、勉強を教えると同時に宗教教育を行った。ピューリタンの文化を伝え、生徒たちに自制と強い職業倫理を教えることが教師の責務に含まれていた。学校はふつうひと部屋しかなく、年齢の違う子どもたちが一緒に授業を受けた。

　マサチューセッツ湾では、教団や政治団体が1630年代に発展するにつれて、8歳以上の子どもに教育が与えられた。最初の公立学校、ボストン・ラテン語学校はボストンのエリートたちの要望に応じて1635年に創立された。だが教育は富裕な人びとだけの領域ではなく、商人、牧師、開拓移民の子どものための学校もあった。すべての子どもが学校に通ったわけではなく、多くの子どもが牧師のもとで、または「デイム・スクール」で、曲がりなりにも教育を受けた。デイム・スクールは女性が自宅で「三つのR」（reading, writing, arithmetic：読み書き算術）を教える小さな塾であった。普通は教師が教えるために使える本も教材も乏しかった。生徒は教えられたことを丸暗記し、教室の規律はしばしば過度に厳しかった。『ニュー・イングランド読本』（1690）のように、韻を踏んだ2行連句を載せた簡単な教科書は、宗教教育を簡単な読みの練習のなかに織りこみ「怠けて遊ぶと、鞭が飛ぶ」と教えこまれた。

　ニュー・イングラントの幾つかの州では、女子も男子とおなじように教育を受けた。従って彼女らはやがて教職に就くことが可能だった。事実19世紀初めには、多くのボストンの学校で女性教師が男性教師と入れ替わっていた。

＊クエーカーの教師たち

　クエーカー教徒は女子教育を促進し、教育ある女性が貧しい人びとの救援や教会での奉仕に果たす重要な役割を認識していた。フィラデルフィアには幾つかの非常に評価の高いクエーカーの学校があった。最も古い学校は、1689年にウイリアム・ペンに奨励されて創立された。今日ウイリアム・ペン・チャーター・スクールは、トップ・レベルに位置する独立した私立学校で、ハーバード、プリンストン、イエールなどの大学に生徒を送っている。クエーカーが教育を重視した結果、17世紀終わりから18世紀初めにかけてペンシルヴェニアにおよそ40校が、さらに1750年までにニュー・ジャージーに20校が設立された。

　18世紀後半、クエーカーは奴隷制度廃止運動を支持し、教師たちは人間の平等を教える上で大きな働きをした。ペルー・タウンシップ（現在オハイオ州マロウ郡）出身の、クエーカー教徒リチャード・ディリンガムは、奴隷制度廃止運動の殉教者ともいうべき教師である。彼は3人の奴隷の解放を助けたかどで投獄され、1850年にテネシー州刑務所で死んだ。

＊ニュー・オーリンズのウルスラ会

　修道女の教育を目的としたウルスラ会の人びと

近世（1450年頃～1800）

は、アメリカ最古の女子の学校であり、途切れることなく続いてきたカトリックの学校であるウルスラ・アカデミーをニュー・オーリンズに創立した。ウルスラ会は1535年に、病人の介護と女子の教育のためにイタリアに創設され、会の守護聖人は聖ウルスラであった。ウルスラ会の修道女は1727年に初めてニュー・オーリンズに来た。とはいえウルスラ会には、それに先んじて1639年という早い時期にカナダのケベックに女子のための修道院付属学校を建てた人びともいた。ケベックのその学校は、アメリカ先住民の村の娘とフランス人の娘の両方を教えた。学習プログラムは、読み、書き、祈り、「キリスト教徒の習慣」などであった。ウルスラ会の修道女は当初はフランスの植民地に派遣されたが、すぐにほかの地域にも広がり、ボストン（1820）、オハイオのブラウン郡（1845）、クリーヴランド（1850）、ニューヨーク（1855）、ルイズヴィル（1858）、オンタリオのチャタム（1860）など多くの地に学校や大学を創立した。ウルスラ会はヨーロッパでも勢力を伸ばした。

1727年、12人の修道女がヨーロッパからの困難な旅の末、ニュー・オーリンズに到着した。黒いサージの重い修道女服をまとった修道女たちは、湿気の多いルイジアナの夜や、腫れるほど顔を刺す蚊の襲来、滝のような雨と闘った。落ち着くと、彼女らはフランス人の娘と奴隷の娘の両方の教育にとりかかった。最初から、ケベックでもニュー・オーリンズでも、ウルスラ会は人種や文化の多様性を受け入れることを旨とした。アメリカでのウルスラ会が最初におこなったことのなかに、有色の自由人女性（有色クレオールとしても知られる）、アメリカ先住民、奴隷制度廃止以前の女性奴隷のための教育がある。ウルスラ会はまたヘルスケアや健康教育においても重要な役割を果たした。ニュー・オーリンズに最初の病院を、ミシシッピ・ヴァリーに最初の社会福祉センターを開設した。

ウルスラ会の修道女は教師として、学術教育に力を入れ、オハイオのウルスラ会カレッジ（1871）、ニュー・ロシェル・カレッジ（1904）、ブレシア・カレッジ（1919、現在は大学）を設立した。ウルスラ会によってアメリカに設立されたカレッジはほかに、ケンタッキーのマウント・セント・ジョゼフ・カレッジ（1925）、モンタナのグレート・フォールズ女子短期大学（1932、現在はグレート・フォールズ大学）がある。修道女たちは、現在ダラス最古の学校とされるダラスのウルスラ会アカデミーも設立した。1893年にデラウェアのウィルミントンにウルスラ会

左：
1727年、ニュー・オーリンズに到着した12人のウルスラ会修道女の第一陣。これを描いたマドリン・ハチャードは、見習いの修練女として同行した。

近世まで

上：
ジョン・ハーバードの彫像。
ハーバード大学構内。

アカデミーを設立し、カリフォルニア、セントルイス、イリノイのスプリングフィールドにもウルスラ会の学校が作られた。

新世界の大学

ボストン・ラテン語学校設立の1年後（1636）にハーバード大学が設立された。マサチューセッツのこの優れた教育機関は、最初の後援者で、1638年揺籃期の大学に自分の蔵書と所有地の半分を寄贈した、ジョン・ハーバードにちなんで名づけられた。ほぼ380年に及ぶ歴史のなかで、多くのアメリカ大統領を輩出した。ジョン・アダムズ、フランクリン・D・ルーズベルト、ジョン・F・ケネディ、バラク・オバマなど。

ハーバード大学はアメリカ最古の高等教育機関だが、ほかにも充実した内容をもつカレッジが、アメリカ独立以前に設立された。ヴァージニアでウイリアム・アンド・メアリー・カレッジが1693年に創立され、イエール大学（1701）、ペンシルヴェニア大学（1740）、プリンストン大学（1746）などの名門が続いた。ほかの「植民地のカレッジ」にはコロンビア（1754）、ブラウン（1764）、ラトガーズ（1766）、ダートマス（1769）がある。ダートマス・カレッジとペンシルヴェニア大学は、中等教育機関が発展してきた大学だった。ダートマス大学の創立者エリエザー・ウィーロックは1754年に、ムーア慈善学校を設立した。ダートマス大学は、もともとその学校の大学部としての機能を1768年に開始した。ペ

近世（1450年頃〜1800）

上：
ノア・ウエブスター（1758〜1843）と彼が作った『青表紙の綴り字読本』と辞典。

ンシルヴェニア大学は、政治家ベンジャミン・フランクリンが作ったフィラデルフィア・アカデミーに、1755年高等教育部門が加わってできた。

*ノア・ウエブスターと『青表紙の綴り字読本』

大学の設立にともなって、学問の新たな機会が生まれた。植民地のカレッジで教育を受けた若者たちは教育水準の向上に寄与することができた。多くは牧師や教師となり、学校でまたは個人的に教え、男子生徒に大学進学の準備をさせた。ネイサン・パーキンズ牧師は教育に携わったひとりで、プリンストン大学で学んだ会衆派教会の牧師だった。彼はノア・ウエブスターを個人的に教え、1774年に彼をイエール大学に送った。

ウエブスターは法律を学び、その後コネティカットとハートフォードで教師になった。彼は、18世紀にアメリカの子どもたちにあてがわれた、イギリスから輸入された教科書を嫌い、アメリカで普通に使われていることばを教える本が必要だと考えた。そして『英語文法講座』（1783）を書いたが、この本の表紙が鮮やかな青だったので『青表紙の綴り字読本』として知られるようになった。ウエブスターはアマースト・カレッジ（1812）の創立者のひとりでもあったが、辞典編纂者としてよく知られている。彼の辞典は広く用いられ、『青表紙の綴り読本』は当時のアメリカで最も人気のある本だった。それはどの教師にとっても必携で、19世紀末までに約6000万部売れた。

35

近世まで

教師の服装

　黒いガウンをまとい角帽をかぶった教師の姿が漫画にはよく登場するが、帽子もガウンも中世に考案された。教師のローブは 12 〜 13 世紀に登場した。その頃の学者はほとんど聖職者で、質素なガウンの下に聖職者の衣服を身につけていた。今日卒業式で見られる手のこんだローブと色とりどりの絹のフードは、中世において学位を授与される者が非常に装飾的な衣服を身に着けた習慣を起源とする。

　1960 年代まで教師が着ていた、普通の黒いローブは実用的な目的があった。暖かいこと、また「過度の」服装を戒めたい学校にとっては一種の制服の役割を果たした。教室ではガウン姿の教師は生徒と区別しやすかった。20 世紀もかなりあとになってからは、黒板のチョークの粉で服を台無しにしないよう、教室に行くときに教師はガウンを着用した。

　ヨーロッパでは教師の服装は大学によって相当異なっているが、アメリカではかなり規格化されている。ヨーロッパでは普通ローブの裾をひらひらさせているが、アメリカのカレッジは体にぴったりしたローブを好む。ガウンとフードの色やかたちは出身大学、学位、職位によって異なっている。今日ではほとんどの学校において、教師のドレス・コードは「スマート・カジュアル」で、角帽の時代は終わった。だが新任の教師たちはたいがい職場で適切な服装をするようにと助言される。適切な服装がどのようなものであるかをめぐる混乱を避けるために、多くの学校が教師のためのドレス・コードを導入している。

　教師のガウンと対の角帽は、おそらくローマ・カトリックの聖職者たちのビレッタ帽から来たものと思われる。15 世紀イタリアの貴族もてっぺんが平らな帽子をかぶったが、それは武人・文人両面での権力を示すものであった。16 世紀と 17 世紀には、修士号をもつ大学卒業生は角帽をかぶった。教師の角帽が「こて板」と呼ばれるようになったのは、左官がモルタルを扱うときの、こて板にかたちが似ていたからだと言われる。1950 年にふたりのアメリカ人が今日知られている角帽のてっぺん部分を固くするために、グラスファイバーを加えるという製法を発明し、デザインの特許を取った。

左から右へ。①紫のガウンと黒い角帽のアメリカの大学の卒業生。②黒い角帽とガウン姿の眞子内親王。東京、国際基督教大学を卒業。③赤い角帽とローブのナイジェリア大学の博士。④ドイツ留学中の学生、ガウンにドイツ国旗の色のサッシュがついている。

近世（1450年頃〜1800）

左：
ウエストミンスター・スクール校長ウィリアム・ギノン・ラザフォード。雑誌『ヴァニティ・フェア』のスパイ・カートゥーン（1898）より。ガウンと角帽は、19世紀、イギリスの私立学校、学校長の標準的な服装。

上：
映画『チップス先生さようなら』(1939)の一場面。黒い角帽にガウン姿の教師は、20世紀中葉までイギリスの教室で見られた。

下：
ハーバード大学学長チャールズ・エリオットとイエール大学学長のアーサー・ハドリー。ニューヨークのコロンビア大学で、教授たちの卒業式プロセッション。1903年。

2 19世紀

　19世紀には、教師が本格的に養成されるようになり、教職にも多くの変化が見られた。さまざまな教育観が国から国へと広まり、教師のための、教師に関する出版物が非常に増加した。心理学、人類学のような新しい学問分野が教育者に影響を及ぼすにつれて、教授法理論にも大きな変化が生まれた。

19 世紀

38 ページ：
ハナ・モア。著述家、教育者、詩人、劇作家、インテリ女性の集団「ブルーストッキング」の一員。ピッカーズギルによる肖像画を基にした版画。

39 ページ：
アンティークのハンドベル。19 世紀の学校で、生徒を授業に呼び戻すために使われた。

教師と慈善団体による教育

　19 世紀初頭、多くの国で初等教育は、ほとんどが宗教的背景をもつ慈善団体と、ボランティア団体に依存していた。イギリスとアメリカでは、大衆のリテラシー（訳注：読み書きなどの基本的能力）を高める運動が、宗教的動機から、また産業の発展に対応するために盛んになった。イギリスの植民地では、プロテスタントの宣教師たちが学校を経営した。一方カトリックの宣教師たちは、世界各地に赴き、学校やカレッジを設立した。慈善による教育活動は、「魂を救済する」必要と結びついて、多くの国で学校と教職の広がりを生んだ。

慈善学校

　イギリスでは、19 世紀末に無償の国民教育制度が発足するまでは、英国国教会が教育の多くの部分を担った。貧しい人びとの教育は、キリスト教知識普及協会（Society for the Promotion of Christian Knowledge）や日曜学校運動など多岐にわたる団体が支援した。教区民も「ブルーコート・スクール」と呼ばれた慈善学校の設立に寄与した。名前は生徒が鮮やかなブルーのジャケットを着ていたことに由来する。そこでは生徒に職業に必要な教育をした。慈善学校と日曜学校は、19 世紀初頭にスコットランド、ウェールズ、アメリカにも存在した。

教育と社会的規制

　18 世紀および 19 世紀初頭のイギリスには、貧しい人びとを教育することが社会秩序を乱すと危惧する著述が多く見られる。工業化が急速に進行し、貧困と社会不安が蔓延するなかで、貧困層の教育に反対する人びとは、労働者階級に「自分たちの身分」を意識させることで、彼らの不満が増大することを恐れた。そのような反応は、幾分かはフランス革命に対する保守的反発を反映していた。保守的な著作家のひとりが、教育に多大の関心を寄せていたハナ・モア（1745 ～ 1833）であった。当時の人気のある著作家だったモアは、イングランドのチェダーに日曜学校も設立した。最

も広く読まれた本の『現代の女性教育への非難』（1799）で、彼女は、よい母親になるために、また社会に道徳感化力を及ぼすように、女子には地道な教育を授けるべきことを主張している。1795 ～ 97 年にかけて、モアは『廉価版冊子』というシリーズを出版した。それらは一般読者向けの道徳物語だったが、学校の教科書にも再録された。物語はいずれも社会秩序が神に与えられた必然的なものであると強調していた。

　『廉価版冊子』の成功によって、多くの福音主義者たち（訳注：19 世紀前半にイギリスで最も勢力のあったキリスト教の一派）は子どもを対象として、出版物が道徳や社会秩序を教えるのに役立つことを知った。セアラ・トリマー（1741 ～ 1810）も社会秩序の強化を教える物語を子どものために書いたが、教科書に再録されたある話は次のように教えている。「神様はある者たちを貧しく、ある者たちを豊かにされました。富裕な人びとは私たちのあずかり知らぬ多くの悩みを抱えていますし、貧しい人びとは善良でありさえすれば、幸福でいられるのです。」

キリスト教知識普及協会

　ヴィクトリア朝イングランドで子どもの出版物に投資をした団体のひとつが、1698 年という早い時期に設立された、キリスト教知識普及協会

ト：
ホーシャムのクライスツ・ホスピタル・スクールでの習字の授業。

(SPCK) だった。この協会は多くの慈善学校を設立し、パンフレットや本を作り、それらは教師たちに広く用いられた。またカトリックの宣教師や教師たちに対抗する目的で、世界中のイギリス植民地に出版物を送ったが、同時に植民地での学校や職業訓練校の設立にも尽力した。アイルランドにおいて同協会は、子どもたちにカトリックの教義の欠陥を教えて、カトリックから改宗させる計画も作成した。1799年、宗教冊子協会（Religious Tract Society）が福音主義者の一部によって設立されたが、その人びとはロンドン伝道協会（1795）やイギリス国内・国外聖書協会（1804）の活動にもかかわっていた。宗教冊子協会が作った小冊子は学校や何千という日曜学校での定番の読みものとなった。

イングランドの日曜学校の教師

18世紀のイングランドにはいくつかの日曜学校が機能していたが、日曜学校運動を推進したのはロバート・レイクス（1736〜1811）である。

19世紀

上：
宣教師・教師 D. L. ムーディ、J. V. ファーウェルと14人の生徒。シカゴ、ノース・マーケット・ホールでの最初の日曜学校。1878年。

彼はグロスターのスラムの子どもたちのために日曜学校を設立し、そこでは聖書が教えられ、読み書きの教材としても使われた。1831年にはイギリスで約120万人の子どもが日曜学校に通っていた。子どもが労働力として幼いうちから使役されていた当時、日曜日は貧困層を教育できる唯一の「自由な」日だった。教師は教会の会衆のなかから選ばれたアマチュア教師だったので、教師の数は多く、1851年には英国国教会の日曜学校において12人の生徒に対して3人のアマチュア教師がいた。だが訓練を受けていない教師に頼る結果として、教師のレベルには大きなばらつきがあった。1841年に児童労働調査委員会で調査を担当した一委員は、教師たちが教育への理解を欠き、知識を子どもに伝える術を知らず、多くが不適格であると述べている。イギリスにおける日曜学校の役割は、ひとたび国家による教育組織ができると変化し、その目的ももはや読み書き能力の育成ではなくなった。

アメリカの日曜学校の教師

アメリカでは、1790年代にイギリスから取り入れた思想に基づいて日曜学校が始まった。実業家たちが、工場労働者の子どもの教育のために幾つかの日曜学校を作った。ほかの日曜学校は宗教団体の活動家によって、フィラデルフィアのような大都市に設立された。当時多くのアフリカ系アメリカ人が、日曜学校で僅かな教育を受けた。

ニューヨーク市では、アフリカ系アメリカ人の生徒が、ニューヨーク市日曜学校連合協会が運営する学校の生徒の25%近くを占めていた。19世紀中葉になると、公立学校の発展にともない、日曜学校はもはや読み書きではなく伝道に力を注いだ。日曜学校はその包括的性格からして、異なる民族集団がともに教えを受ける場だった。たとえば1909年、オクラホマのアメリカ先住民居住地域の日曜学校では、先住民の子どもと白人の子どもが一緒に学んでいた。

社会主義に基づく日曜学校も19世紀後半から20世紀初頭にかけて栄えた。その趣旨はカトリックやプロテスタントによる日曜学校に替わる施設として、子どもたちに社会主義の理想を教えることにあった。そのような最初の日曜学校はアメリカ社会主義労働党によって1880年にニューヨークに作られ、ほかの社会主義の日曜学校は、シカゴやフィラデルフィアの労働者階級の居住地域に設立された。

1874年にニューヨークに、日曜学校の教師養成機関として、シャトーカ協会が設立された。だがアメリカの多くの日曜学校教師は、ほかの国々と同様、人柄がよく、聖書の知識があることを基準に選ばれていた。

今日でも多くの日曜学校が、ボランティアの一般信徒、カトリックの神父、プロテスタントの牧師によって信仰教育をおこなっている。バプティストの日曜学校教師のなかで、小説家のジョン・グリシャムと元大統領ジミー・カーターはよく知られている。過去の日曜学校教師による教育は、ミシガン州立大学所蔵の、アメリカの日曜学校用教科書および教材のデジタル・コレクションから知ることができる。

ユダヤ教日曜学校

ユダヤ教は、信仰教育を授ける者としてラビと両親との役割を重視していた。だが19世紀のアメリカでは「ユダヤ教日曜学校」運動が、子どもの教育——多くの場合、ユダヤ教の伝統や歴史といういう基礎をもたないヨーロッパ系移民の子孫の教育——の必要に呼応して発展した。

ユダヤ教日曜学校運動のなかで特筆すべきはレベッカ・グラッツ（1781〜1869）である。彼女の父親マイケル・グラッツは、1752年にドイツ語圏のシレジアからアメリカに移住したが、彼の祖先は何代にもわたって尊敬を集めたラビであった。家族の影響で教育に関心を抱くようになったレベッカは、フィラデルフィア孤児院、フィラデルフィア・ユダヤ教育協会、困窮状態にある女性と子どもの救援のための女性協会の設立に尽力した。またユダヤ教日曜学校を設立し、カリキュラムを発案し、校長を務め、女性ヘブライ共済会の設立メンバーに名を連ねた。1869年に亡くなったあと、彼女の弟ハイマンは姉を記念して、フィラデルフィアに教師の教育のためのグラッツ・カレッジを設立した。

下：
サマルカンドのユダヤ人教師とユダヤ人の生徒たち。ロシアの写真家、セルゲイ・ミハイロビッチ・プロクジン＝ゴルスキー（1863〜1944）によるカラー写真。彼は1909〜15年にかけてロシア帝国を旅行し、新しいカラー写真製版法を用いて、ロシア革命期に失われつつある伝統的な生活様式を記録した。

19世紀

アメリカにおける教師の養成

　日曜学校と同じく、18、19世紀には普通の学校も子どもを教育する際に、「アマチュア」の教師に依存した。学区の教育委員会は授業内容の監視に努めたが、カリキュラムはばらばらで、教師たちはたまたま手近にある本を用いた。通常校舎には教室がひとつしかなく、年齢の異なる子どもたちが一緒に学んでいた。いずれも出席率は低く、南部では奴隷であるアフリカ系アメリカ人に教育の機会を与えない州もあった。

　1820年代に「師範学校」が導入されると、教師養成のレベルは向上した。師範学校は教師になる学生を教育する専門学校で、学生が授業の練習をするときは、そのための設備が整った教室が使われた。多くの師範学校が発展して大学になった。セーレム師範学校（1854）は現在のセーレム州立大学に、ウィノナ州立師範学校（1858）は現在のウィノナ州立大学となった。

＊サミュエル・リード・ホール（1795～1877）

　1823年、教師を養成する初めての公立師範学校が、サミュエル・リード・ホールによってアメリカ、ヴァーモント州コンコードに設立された。リード・ホールは牧師・教師で、1822年からはフィッチバーグのある学校の校長でもあった。1年後、彼は教員養成の学校を設立し、1829年にはアメリカ教育協会の設立に向けて助力した。1830年以降、彼はアンドーヴァーにあるセント・フィリップ・アカデミーの一部である、イングリッシュ・アカデミー教員養成所の長として、またのちには教員養成学校でも指導的役割を担った。

　実地に教育をおこなう立場から、彼は学校の黒板を発明した。1812年という早い時期から使われていた厚紙に替わるものであった。コンコードの先駆的師範学校では、彼の「黒板」は黒く塗りつぶした壁面だった。彼はまた教師のために数冊の本を書いたが、そのなかには『学校の維持に関する女性教師への講義』（1829）、『授業についての学校教員への講義』（1833）がある。

SAMUEL READ HALL

右：
アメリカの教師養成の父、サミュエル・リード・ホール。

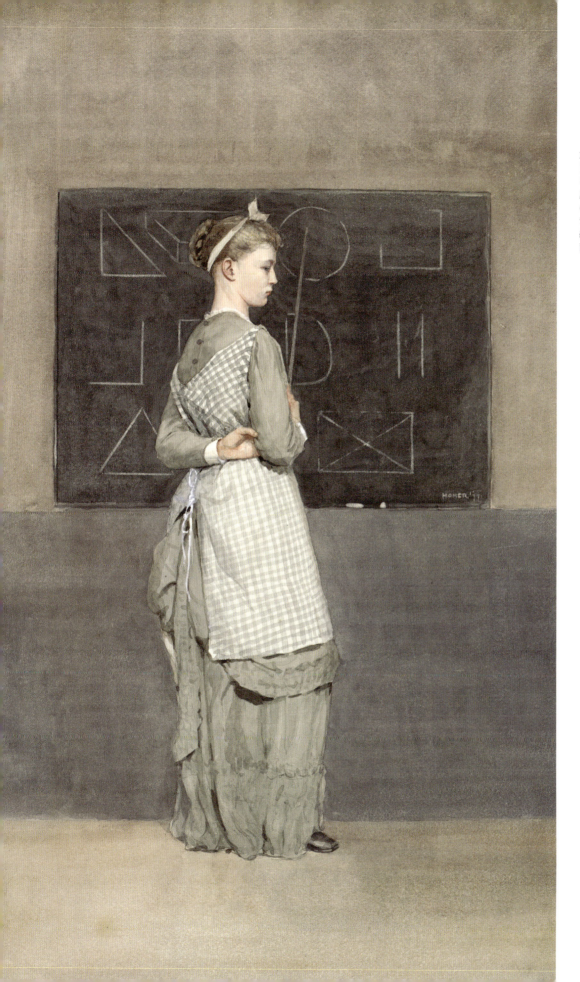

左：
『黒板』 水彩画。ウインズロー・ホーマー。1877年。黒板の記号は当時アメリカの学校で用いられた図画教育法である。最初に単純な線を組み合わせることで図画を学ばせた。

19 世紀

モニトリアル・システム（助教法）

　最初のモニトリアル・システムは、ジョセフ・ランカスターによってロンドンの彼の学校で大人数の生徒を教える必要から考案された。このシステムの骨子は、比較的勉強のできる生徒ができない生徒を教えることであった。このシステムを実施する学校では、教師がすでに読み書きを習得した年長の子どもの一団に、モニター（監督生）になる訓練をおこない、モニターたちは年下の少人数の子どもたちを相手に、復習をさせたり新しい知識を覚えこませたりした。このシステムは19世紀初めに数か国で盛んにおこなわれたが、やがて19世紀中葉に、マン、ペスタロッチ、フレーベル等新しい教育理論家（66、70、72ページ参照）の思想がこのシステムを覆した。

ジョセフ・ランカスター（1778～1838）とモニトリアル・システム

　クエーカーの学校教師ジョセフ・ランカスターの考案したこのシステムはヨーロッパで広くおこなわれたが、効率的な教え方であること、教員不足の学校を助けると同時に、生徒に教師になる訓練ができることがその理由だった。この方法によれば、数百人の生徒をひとつの教室に入れることが可能だった。

　このシステムがうまくゆくか否かは、教師の統率力と手際のよさにかかっていた。よい場合には、生徒は自分たちの立場となすべきことがはっきりわかるからである。ランカスターは、教師が同時に学校の「管理者」であるべきことを、身をもって示し、彼の考え方はイギリスのみならず他国でも影響力をもった。彼はイギリス各地を訪れ、新しい学校の設立に力を貸した。彼はアメリカやベネズエラにも学校を設立したが、海外での企画はイギリスにおけるほど成果を収めなかった。

　ランカスターの教育法の概要は『教育の改良』（1803）に示されている。1808年にイギリス国内外学校協会が、彼の教育方法を押しすすめるべく設立された。彼の主張は大きな影響を及ぼしたが、彼の教育法は、記憶と機械的学習に多くを依存し、想像力を育てる余地がなかった。「事実」を詰め込まれた子どもたちでぎゅうづめの教室は工場の観があった。チャールズ・ディケンズは、小説『ハード・タイムス』（1854）のなかで子どもの創造性と個性を破壊するヴィクトリア朝風の学校を批判している。

右：
イギリス人クエーカー教徒の学校教師、ジョセフ・ランカスター（1778～1838）。モニトリアム・システムを考案し、それは19世紀の前半、ヨーロッパ、アメリカに広まった。

モニトリアル・システム（助教法）

上：
『相互教育の学校』 フランスにおける19世紀モニトリアル・システムによる授業風景。彩色版画。モニトリアル・システムは1815年にフランスに導入された。

アンドリュー・ベルと「マドラス・システム」

　1753年にスコットランドに生まれたアンドリュー・ベルは、セント・アンドリュース大学で自然哲学と数学を学んだ。1774年に卒業するとアメリカへ向かった。ヴァージニアに落ち着き、そこで1781年まで住み込みの家庭教師として働いた。その後スコットランドに戻り、英国国教会の牧師になるための準備をした。

　1787年にベルは再びスコットランドを出て、今度はインドへ行った。そしてマドラスに住み、イギリスの数個の連隊を担当する聖職者となった。彼は教師でもあり、1789年に、死亡した将校の子どものための、マドラス男子孤児院の監督に任命された。

　ベルは孤児たちが砂の上に文字や絵を描いて互いに教え合っているのに目を留めた。集中して学び合うさまに感心したベルは、レベルが上の子どもたちが下の者たちを教える授業法を考えることにした。「マドラス・システム」として知られるようになった彼の授業方法は、ジョセフ・ランカスターがイギリスでモニトリアル・システムを開発していた同じ時期に練りあげられた。ランカスター同様、ベルも教師は褒美などを与えるのではなく、子どもに学習の動機づけをすることが重要だと考えた。また学校での体罰に反対した。

　ベルは1796年にインドを去り、イギリスに帰国して、『教育の実験』（1797）を出版し、自分のシステムを学校に導入し始めた。ランカスターとベルは、それぞれの業績の独創性を譲らず、両者とも助教法を最初に考案したのは自分だと主張した。

　このふたりの方法は19世紀中葉以降、教師たちが、偉大なヨーロッパの教育学者、ヨハン・ペスタロッチ（70ページ参照）、フリードリヒ・フレーベル（72ページ）、マリア・モンテッソーリ（94ページ）、またアメリカ人ホレス・マン（66ページ）の思想に引き寄せられるにつれて廃れた。

アイルランドの教師たち

　アイルランドにおいて学校教育はチューダー朝の頃から論議の的であった。歴代の王にとって、学校は王への忠誠を誓わせ、カトリック教徒にプロテスタントの信仰を広める場であった。カトリック教徒がカトリックの学校を運営したり、カトリックの教育を受けさせるために子どもを海外に送ることを禁止する法律が制定された。学校運営にかかわったカトリックの教師は厳しく罰せられ、多くの者がバルバドス島（訳注：1966年独立）に追放された。

青空教室の教師

　プロテスタントの学校教育の強化にアイルランド人が抵抗した結果生まれたのが「青空学校」（hedge school）と呼ばれた非合法な学校であった。これは大胆な試みで、教師は納屋や家の離れ、時には日当たりのよい盛土や生垣を利用した小規模の学校を運営した。生徒は卵や燃料になる泥炭、あるいは僅かな金を教師への謝礼とした。教師の多くはカトリックの博識の学者で、司祭になろうとしていた者もいた。彼らはラテン語、ギリシア語、幾何学、代数学、歴史、数学を教え、加えて土地の測量のような実際的な技術を伝えた。とりわけ重要なのは、英語の読み書きを教えたことであった。それは仕事を求めてイングランド、オーストラリア、アメリカに移住する多くのアイルランド人の助けとなった。

　青空教室の教師たちは教育以外の役目も果たした。しばしば地元の代書屋となって、書くことのできない人びとのために代筆をし、読めない人びとに法的書類を読んでやり、アイルランド語しか知らぬ人びとのために英語をアイルランド語に翻訳した。教師たちは娯楽の提供者でもあり、博識を示すことで人気を得ていた。詩の朗読や語り聞かせもうまく、教師同士で博識を競い合うコンテストを開催した。1824年には、およそ9000の「有料」私立学校があり、そのほとんどが違法の青空教室だった。

キルディア・プレイス・ソサエティ（KPS）：教師教育の革新

　1811年に専門家と実業家の一団が、貧しい人びととの教育のためにキルディア・プレイス・ソサエティ（KPS）として知られる協会を結成した。そして新たに小学校を設立し、既存の「有料」学校をKPSと結びつけ、学校で使用する教科書を出版した。KPSはランカスターのモニトリアル・システム（46ページ参照）を取り入れ、教員養成学校とモデル校を作った。この革新が今日まで続く実践とシステムを導入した。教師は教室を能率的に管理し、毎日出席簿をつけ、よく勉強した生徒には報奨するよう訓練された。

　教師の訓練がおこなわれたKPSモデル校は1819年に開設されたが、ふたつの大教室と、教師となる学生の宿泊施設があった。訓練は6週間で完結したが、その期間学生は、遊び歩きと時間の浪費を禁じられた。訓練はモニター（監督生）を鍛えて教師の補助をさせること、時には数百人もの生徒を収容できる教室を管理することに重点が置かれた。KPSモデル校の教師たちはときに生徒を罰したが、生徒を褒め、動機づけのために褒美を与えることが推奨され、その点でジョセフ・ランカスターの教育法と共通していた。

　小さな褒美の品がKPSから学校に支給され、よい成績をおさめればチケットが貰え、それを褒美の品に代えることができた。褒美は実際に役立つもので、裁縫用の小物や本が人気の褒美だった。

49ページ：
『教師の余暇』と題された絵画。ハワード・ヘルミック。1888年頃。

19世紀

女子教育

　19世紀中に、女性の教育は長足の進歩を遂げた。ガヴァネス（訳注：住みこみの女性の家庭教師）が富裕な家の娘に「たしなみ」を教える一方で、貧しい人びとはほとんど教育を受けられないという状況に始まって、女性の教師のための最初の専門学校の設立（80ページ参照）、世紀末には名門大学（82ページ）に、女子学生のための初めての2、3のカレッジが開設され（82ページ）、女子学生にも学位を授与するところまで来た。男女両性のための公的学校教育の担い手は教会や個人から国へと移り、幾つかの国や州では、男女を問わず子どもの学校教育を義務化する法律が可決された。それによって識字率が上がり、すべての階級の女子に教育の機会が開かれた。

下：
女優ジョセフィーヌ・セーレとシャルロット・ゲンズブール。映画『ジェーン・エア』（1996）より。

ガヴァネス

　文学作品のなかで最も有名なガヴァネスは、シャーロット・ブロンテの『ジェーン・エア』の同名のヒロインであろう。「不器量で貧しく、後ろだてのない」ジェーンは、孤児としてローウッド校で教育を受けたのち、ソーンフィールド邸でガヴァネスの職につき、気難しい雇い主ロチェスターと最後に結婚し、小説はハッピーエンドに終わる。ウイリアム・サッカレーの『虚栄の市』のような作品にもガヴァネスがヒロインとして登場する。

　ガヴァネスはリチャード・レッドグレイヴの『可哀そうな先生』のような、感傷的だが美しい油絵に見られるように絵画の主題にもなった（51ページ参照）。実際にはヴィクトリア朝時代のガヴァネスの生活はロマンティックとはほど遠く、多くの者が貧困のうちに一生を終えた。

　19世紀中葉には、ガヴァネスは上流中産階級の女性に許容される職業となっていた。当時のイギリスには「余った女」──結婚適齢期の女性の数が男性よりも多い──という現象が起こっていた。男たちが植民地への移住や軍隊に加わるために国外に出たり、あるいはナポレオン戦争後の経済不況のために、結婚を先延ばししたからである。多くの家庭が経済的浮沈をくぐり抜けるなかで、父親や

女子教育

上：
『可哀そうな先生』油彩画。リチャード・レッドグレイヴ。1844年。黒いドレスのガヴァネスが訃報を手に沈みこむかたわらで、色鮮やかな衣服の生徒たちが、明るく楽しんでいる。

夫による扶養を望めない女性も多かった。しかしながら、彼女らの受けた教育――たいがいは音楽、スケッチ、ダンス、フランス語――では有閑階級以外の生活は無理だった。そのような女性にとって唯一可能な「お上品な」仕事が教職であり、多くがガヴァネスや小規模の私立学校の教師になった。

雇用者の家庭に住みこむガヴァネスのほかに、「通いのガヴァネス」もいた。彼女らは通常、6歳から16歳までの女子と、寄宿学校に入る前の、さらに年少の男子の相手をした。教える内容は自分が身に着けた「たしなみ」――読み書き、ピアノ、スケッチ、少しのフランス語だった。上流階級の出身で、非常に高度の教育を受けた者は貴族の家庭で働けたが、時にはヨーロッパ大陸出身のガヴァネスとの競合があった。フランス人やドイツ人のガヴァネスは、どの家庭でもステイタス・シンボルとみなされた。上流志向の中産階級もしばしばガヴァネスを雇ったが、予告なしに解雇もしばしばだった。ガヴァネスは『パンチ』誌で揶揄の対象とされ、無情な筆致で嘲笑されることが多かった。

＊求む、ガヴァネス、条件良し
19世紀前半、ガヴァネスの需要は続いたが、ガヴァ

51

19世紀

右：
アナ・レオノーウェンズ。シャムの王室のガヴァネスを務め、ミュージカル、映画『王様と私』のモデルとなった。カナダ、モントリオール、W. ノットマン父子商会による写真。1910年。

ネス志願者が増え供給過剰になるにつれて、新聞広告は雇用者の要求が拡大するさまを示している。

「田舎に居住する紳士の家庭での、ガヴァネスの職を望むレディに快適な住居を提供（ただし給料はなしとする）。仕事は2人の娘に音楽、スケッチ、読み書きを教えること。フランス語に精通が必要」（『タイムズ』1845年6月）

多くのガヴァネスは、中年になると職を失って貧困状態に陥り、最後は救貧院で終える者も多かった。

＊ガヴァネス互恵協会
（The Governeses' Benevolent Institution）

「低からぬ階層の女性たちの、このような困窮」に対処するべく、ガヴァネス互恵協会（GBI）が1843年ロンドンに設立された。ガヴァネスに求人者名簿とトレーニングを提供するこの協会は、チャールズ・ディケンズのような協賛者からの支援に依存していた。協会はロンドンのクイーンズ・カレッジで若い女性対象の講義をおこない、彼女らが試験にパスして免許状が得られるようにした。また低価格で一時的に宿泊できるガヴァネスのホームを開設した。GBIは、雇用者によるガヴァネスの不当な扱いに世間の目を向けさせた。

ガヴァネス互恵協会による報告書は、当時の女性教師が経験した苦難を示している。

＊アナ・レオノーウェンズ（1831〜1915）

ヴィクトリア朝時代の最も有名なガヴァネスは、おそらくアナ・レオノーウェンズである。彼女の生涯はハリウッドの映画製作者やブロードウェイの劇場興行主の関心を集めた。1831年インドに生まれたアナはインドで育ち、1849年にトマス・レオン・オーウェンズと結婚した。ふたりはマレーシアで家庭をもったが、1859年に夫が亡くなり、その後アナはシンガポールで小さい学校を経営して生計を立てた。1862年彼女はシャム（タイ）の王室のガヴァネスの適任者として、モンクット王に推挙された。王には幾人もの妻との間に67人の子どもがおり、アナは宮廷で5年

下：
イギリス、ロンドンのガヴァネス互恵協会。版画。

GOVERNESSES' BENEVOLENT INSTITUTION.

女子教育

間子どもたちを教えた。その後アメリカに移住し、しばらく学校を経営した。

　シャムの宮廷に滞在中、アナは日記をつけていたが、のちにそれが『シャムの宮廷でのイギリス人ガヴァネス』と題して出版され、評判となった。この本をもとに『アナとシャム王』(1944) という小説が書かれ、ロジャースとハマースタインの豪華コンビによるブロードウェイ・ミュージカル『王様と私』が生まれた。このミュージカルは

やがて、デボラ・カーがアナを演じたミュージカル映画となり大ヒットした。同作品の最近版ではジョディー・フォスターがアナを演じている。舞台とふたつの映画の本筋は同じで、イギリス人のガヴァネスがシャム王に、奴隷制度や男女不平等についての考え方を改めさせる物語である。イギリスの植民地主義という脅威を背景に、シャム王は自国の古い伝統を守りつつ改革を受け入れようと奮闘する。アナは子どもたちに勉強を教えるかたわら、王に恋愛や自由について教えた。

上：
映画『王様と私』(1956) で、ガヴァネス、アナ・レオノーウェンズ役のデボラ・カー。

19世紀

教育と布教

55ページ：
アイルランド、ロレト修道院院長、不屈な精神で知られたミシェル・コルコラン。インドの女子修道院へ向かう途中。

　19世紀、キリスト教布教活動は格段の発展を見せた。プロテスタントとローマ・カトリックの宣教師を兼ねた教師たちは、地球をまたいで各地に学校を設立し、そこで働いた。彼らの主たる目的はキリスト教の普及であったが、同時に教育という使命も帯びていた。非キリスト教徒にキリスト教への改宗を試みる一方で、移住したキリスト教徒の教育にあたった。プロテスタントとカトリックの学校は往々にして生徒を奪い合った。学校が「魂の救済」のために重要な役割を果たしうると教師たちは信じていた。

教師としてのカトリックの修道女

　19世紀のヨーロッパ、アメリカ、オーストラリア、カナダでの教育の原動力は、カトリックの宗教団体所属の、一般的に修道女あるいはシスターと呼ばれる女性たちであった。彼女らは、修道院や実業学校や少年院での教育活動という明確な使命をうたっていた。派遣されたどの国でも、修道女の働きは無償か、ごく僅かの報酬であったので、国や州政府は学校教師の補充にともなうコストを軽減できた。加えて修道女たちは自分たちの修道院や校舎を建て、その費用を負担し、自分たちの教育プロジェクトのための資金集めもおこなった。給料を支払われる者は、それを仲間の教員たちの支援に用いた。多くの修道女会は修道院や学校を、その国に寄贈した。

　修道女はカトリック教会の布教活動の一翼を担ったが、教育はその活動の中心を占めていた。ヨーロッパでは多くのカトリック修道会が19世紀に設立された。ウルスラ会（OU）、ロレト修道女会（IBVM）、プレゼンテーション修道女会（PBVM）、マーシー修道女会（SM）、善き羊飼い修道女会（RGS）、聖心修道女会（RSCJ）など。ウルスラ修道会はイタリアで始まり、プレゼンテーション修道女会とマーシー修道女会はアイルランドで生まれ、最初のロレト修道院付属学校もアイルランドに設立された。聖心修道女会と善き羊飼い修道女会はフランスで始まったが、教師を兼ねる修道女が所属する団体はフランスに多い。オーストラリアでは、マザー・メアリー・マッキロップ（1842～1909）が、貧しい人びとのための教師の団体、聖心の聖ヨセフ修道女会（1886）を設立した。

　このような修道女会は急速に新世界に広まり、アメリカ、カナダ、オーストラリアのカトリック教徒の教育を促進し、改宗しそうな非カトリック教徒に影響を与えた。修道女たちはインド、東南アジア、アフリカの多くの地域にもいた。彼らの宣教の旅は非常に苦難に満ちたものとなり、何

下：
トロント、ロレト修道院付属学校の生徒たち。1909年。

か月も船や馬車、汽車に乗り、時にはラクダやゾウに乗っての移動もあった。重い衣服を着、熱帯でも長いベールをつけた修道女の姿は行く先々で人目を惹いた。

世界各地における修道院教育

不屈の精神で知られるロレト修道女会は、1821年マザー・テレサ・ボールによってアイルランドに創立され、多くの国に若い修道女を教師として送り出した。1841年にはいち早く一団がインドに派遣された。女性教師団がインドに来たのはそれが初めてで、彼女らによる最初の学校はカルカッタ（今のコルカタ）に開設された。その後インドで、特に貧しい人びとのための学校の開設が続いた。ロレト修道女会はカルカッタのロレト・カレッジのような高等教育機関も設立した。ロレト・カレッジは教師養成のために大学と連携していた。ロレト修道女会創設による学校には、ダージリン（1847）、ラクナウ（1872）、アサノル（1877）、シムラー（1899）の修道院付属学校がある。19世紀のインドで教育に携わった、もうひとつのカトリック修道女の集団はプレゼンテーション修道女会だった。同修道女会は1842年に4人の修道女をアイルランドからマドラスに派遣し、1896年には布教活動はパンジャブへと広がった。

「帆がひとつ吹き飛ばされ、船室は転覆したように思われた。波が盛りあがって窓を打ち、部屋を暗くした。私はベッドと床のトランクの間に入りこんで、故郷への手紙を書き始めたが、時々波の大きなうねりがそばのものを覆した。そんなときは、片手でインク瓶をつかみ、もう一方の手でベッドやトランクにしがみついていなければならなかった。」

ロレト修道女会、マザー・ゴンザガ・バリーの日記。
1875年7月7日の日記。アイルランドからオーストラリアに向かう旅の途中の記述。
オーストラリアで彼女は、多くの学校を設立した。

上：
フランス人修道女、ローズ・フィリッピーヌ・デュシェーヌ（1769～1852）とアメリカ先住民の生徒。20世紀初頭に建てられたミズーリ、バシリカ大聖堂、丸天井のモザイク画。

　1847年、アイルランドのロレト修道女会の別のグループがダブリンからカナダのトロントに向かい、そこに修道院と付属の学校を設立した。マザー・テレサ・ディースの指導のもと、さらに多くの学校がオンタリオに創設され、そのなかにはナイアガラの滝の修道院もあり、その景観からヨーロッパの貴族たちが旅の途中で立ち寄る場所となった。

　1878年にはまた別のアイルランドのロレトの修道女、マザー・ゴンザガ・バリーの一団が、アイルランドからオーストラリアに渡り、バララットに修道院付属学校を設立した。修道女たちの教育は、彼女ら自身の高い教養とあいまって評判を呼び、オーストラリアのほかの地域からも求められて多くの学校やカレッジを開設したが、そのなかにはブリスベン、パース、アデレイド、メルボルンの諸施設もある。

アメリカにおける修道院付属学校の教育

　1790～1920年までに、119のヨーロッパの修道女会がアメリカに足場を築いた。38の修道女会がアメリカに創設され、そのメンバーは急速に増加した。1822年には200人だったアメリカの修道女は、1920年には8万8773人になっていた。医療に携わる者もいたが、大部分は教師として働いた。

　修道女会のなかで最大かつ最も影響力があったのは、フランス起源の聖心修道女会（RSCJ、54ページ参照）だった。1800年にマドレーヌ・ソフィー・バラが創立したこの会は、北アメリカ、ニュージーランド、オーストラリア、南アメリカ、中央アメリカ、日本に修道女を派遣した。アメリカでは、聖心の学校は聖心会のヨーロッパの伝統を守り、修道会ではフランス語が使われた。聖心会は1818年に、アメリカ最初の拠点をミズーリのセント・チャールズに開いた。女子修道院長フィリピーヌ・デュシェーヌのもと、聖心会はルイジアナ（1821）、セントルイス（1827）へと進出した。マザー・フィリッピーヌはアメリカ先住民の教育に特に関心を寄せ、シュガー・クリークのポタワトミ族のために学校を設立した。彼女自身は英語を話さなかったが、アナ・シャノンという英仏両

語を話し卓越したリーダーシップをもつ若い有能な修道女が彼女を支えた。

聖心会は女子のための学校や高等教育機関をニューヨーク（1841）、フィラデルフィア（1847）、バッファロー（1849）、デトロイト（1851）、オルバニー（1852）、シカゴ（1858）、ブリン・マー（1865）、シンシナティ（1869）、プロヴィデンス（1872）、ボストン（1880）、オマハ（1881）、サンフランシスコ（1887）、シアトル（1907）に設立した。主に中・上流階級の要望に応じて、修道院付属学校の教育の規範を築いた。修道女はキリスト教教義、読解、作文、数学、歴史、音楽、フランス語を教え、楽器の演奏、絵画、声楽も推奨された。このような「正規以外の科目」は修道院の収入源だった。たとえばシカゴの聖ザビエル聖心アカデミーの授業料は、1877年に年300ドルだったが、ピアノの授業はそれに加えて年60ドル、ハープは80ドルだった。生徒の評価には、口述・筆記・公開試験がおこなわれた。同校では毎日の学業の結果が記録され、毎週金曜日にはコンテストがあり、月曜日には結果が読みあげられた。月に一度全校生徒を前に口述試験がおこなわれた。このようにして、修道院付属学校の教育は、競争、高レベル、優秀な成績を促した。文章の書き方、学校新聞の編集の仕方も教えられた。スポーツも重視され、テニス熱が盛りあがった。

聖心会の生徒たちは、聖心の「子どもたち」と呼ばれ、卒業生たちは全地球に広がるネットワークを形成した。マンハッタンの聖心カレッジ（1881）はニューヨーク最古の女子私立学校である。19世紀設立のこの学校は、レディ・ガガやパリス・ヒルトンのような有名人卒業生を輩出し

た。またケネディ家の人びともここで学んだ。ローズ・フィッツジェラルド・ケネディ、ジーン・ケネディ・スミス、ユーニス・シュライバー・ケネディ、エセル・スカケル・ケネディ、キャロライン・ケネディは皆聖心の修道女たちの教えを受けている。

教育に大きく寄与をしたもうひとつの修道会は、聖ヨセフ修道女会（CSJ）である。1650年にフランスで創設されたこの会はフランス革命期に抑圧され、1807年に再建された。1834年にミズーリ州セントルイスの司教が、修道女のアメリカへの派遣を求めた。1836年に修道女一団がフランスから来て、以前のフランス植民地の町カホキアに学校を開いた。彼女らはそこでフランス人と現地の子どもたちに教えた。カロンデレトにも学校を開設し、セントルイスに聴覚障害者のための聖ヨセフ・インスティテュートを設立した。聖ヨセフ修道女会は急速に発展し、ミネソタ（1851）、ニューヨーク（1854）、ペンシルヴェニア（1860）、フロリダ（1866）、マサチューセッツ（1873）、ミシガン（1889）、インディアナ（1888）の各地に学校を開設した。20世紀に入っても、聖ヨセフの修道女会は北アメリカで何百もの学校を運営していた。厖大な数の信徒はいくつかの地域にまとめられ、ほかの修道会がそれに合流した。修道女は今日も女子教育で重要な役割を担いつづけており、社会的公正の提唱もおこなっている。最も知られた活動としてCSJのシスター、ヘレン・プレジャンの、死刑囚への奉仕が挙げられる。映画『デッドマン・ウオーキング』（1995）でシスター・ヘレンを演じた、スーザン・サランドンはアカデミー主演女優賞を獲得した。

「子どもたちにはよい手本だけを示しなさい。自分が不機嫌なとき、苛立っているときに子どもたちを諫めてはなりません。子どもたちの心と信仰に訴えて、彼らの心をつかみなさい。叱責は優しいことばで和らげなさい。子どもを励まし褒めなさい。それが私たちの教育法の本質です。」

聖心会の創始者、聖マドレーヌ・ソフィー・バラのことば

19 世紀

上：
ロンドン伝道協会神学校香港支部での宣教師・教師のジェイムズ・レグと生徒。J. コックランによる版画。1840 年代。

アジア、アフリカにおける宣教師・教師

　19 世紀は福音主義（訳注：エヴァンジェリカリズム——プロテスタントの一派、形骸化儀式化したキリスト教の在り方を刷新し、聖書に基づく個人の霊的生活、伝道活動を重視）復活の「偉大な世紀」であった。プロテスタント教会がすでに存在した国々では、福音主義の精神が新たに花開き、多くのプロテスタントの組織がアジアおよびアフリカの諸地域で福音を説く宣教師たちを支援した。1807 年という早い時期に、何千人ものプロテスタントの宣教師がイギリスから中国に向かい、そこで学校、病院、布教の資料を作るための印刷所を作った。宣教を目的とした組織はインド、中国、アフリカで次々に生まれた。1865 年に J. ハドソン・テイラー（1832 ～ 1905）が中国内陸部伝道団を組織した。その他の主な伝道団にはロンドン伝道協会と外国伝道アメリカ委員会がある。最初から伝道諸団体は自分たちの目的遂行のために学校教育が不可欠であると考えていた。だが伝道をもくろむ多くの学校は生徒を集めるのに苦労した。たとえば中国では親たちが子どもをキリスト教の学校に通わせることに警戒感を抱いていた。

　男性宣教師は、一般に牧師か教師のどちらかとして働いたが、ときに両者を兼ねることもあり、イギリス人メソジストの牧師サミュエル・エヴァンズ・ロウ（1834 ～ 97）は、聖職者として格別の寄与をする一方、教育面でも際立った貢献をした。彼は

教育と布教

南アフリカに女子のための学校を創設し、1890年にメソジスト教会の管理組織であるケープタウン・メソジスト協会の理事長に任命される一方で、ピーターマリッツバーグのマリッツバーグ・カレッジ付属女学校の責任者となった。

20世紀以前には、プロテスタントの宣教師・教師は男性だった。だが慣習によって女性がシャペロン（訳注：若い女性に付き添う年配の女性）なしで旅行し、働くことが困難であったにもかかわらず、宣教師をめざす女性たちもいた。牧師である夫を助けるために教師になる者も、単独で宣教師の仕事に乗り出す者もいた。たとえばアメリカ出身のメソジストの女性たちは宣教を兼ねた教育活動において大きな役割を果たした。多くの女性教師にとって状況は苛酷だった。新しい言語を習得し、慣れない生活に順応するには旺盛な気力を要したうえに、極端な気候にも耐えねばならず、多くが病気に苦しんだ。本国にいる宣教師の家と比較すると、国外に赴いた宣教師の子どもは死亡率が目立って高い。予想されるように、多くの宣教師が現地で死亡するか仕事を放棄して帰国した。

宣教師から教育を受けた者たちにも苦難があった。アフリカではキリスト教が多くの家庭のなかに分裂を生んだ。キリスト教に改宗した者が先祖、

下：
ベコナ族に説教をする牧師モファット。『南アフリカのスケッチ』より。

19世紀

上：
南アフリカ、ラヴデイル伝道協会の村の学校。

右：
ジョージ・マッコール・シール。カナダ人、南アフリカ、ラヴデイル伝道協会の教師。

魔術、昔からの神々への伝統的な信仰を拒絶したからである。キリスト教の異なる宗派に改宗した者同士が対峙すると、さらなる分裂が生まれた。宣教師たちの意図とは裏腹に、学校やカレッジは社会の分裂を増大させ、「西欧の教育を受けたエリートたち」を作り出す結果となった。

しかしながら、幾つかのエリートのミッション・スクールは人種間、両性間の平等を促進しようと、伝統的な境界線に闘いを挑んだ。南アフリカのラヴデイル・ミッショナリー・インスティテュート（現在のラヴデイル公立カレッジ）はそのような学校のひとつだった。1841年に設立された同校は、アフリカ人とヨーロッパ白人の男女の生徒を教育した。古典と技術の授業を置き、やがて教師養成学校へと発展した。1955年にラヴデイルは、1952年のバンツー教育条例により、国のものとなった。ここで学んだ著名な卒業生にスティーブ・ビコがいる。

*ジョージ・マッコール・シール（1837〜1919）

　カナダに生まれたシールは、南アフリカの教育、歴史研究、記録の保管への寄与によって広く知られている。若いときに南アフリカに移住し、教師となって幾つかの公立学校で教えたのち、1875年にラヴデイル・ミッショナリー・インスティテュートの教師に任命された。彼はそこで英語、地理、聖書を教えながら、英語とコーサ語の両言語を使った月刊『カフィア・エクスプレス』（のちに『クリスチャン・エクスプレス』）を担当した。彼はバンツー族についての権威となり、多くの本を出版した。

*メアリー・アン・オルダシー（1797〜1868）

　カトリックの修道女は17世紀の終わり頃には宣教師・教師になったが、プロテスタントないし非国教徒の独身女性は19世紀になってようやく宣教を担うようになった。最初のイギリス人独身女性の宣教師のひとりに、メアリー・アン・オルダシーがいる。彼女はロンドンに生まれ、著名な伝道指導者ロバート・モリソンのもとで中国語を学んだ。1837年、バタヴィア（現在のジャカルタ）に移住した中国人女子のための学校を創立するために、インドネシアに赴き、1843年には中国の寧波市にもうひとつの女子校を開設した。彼女は正式にはどの伝道協会にも所属していなかったが、イギリス人宣教師の娘たちを、自分の学校の教師として雇用した。1861年に彼女は自分の学校を伝道協会に譲り、オーストラリアに移住した。

*シャーロット・ロティ・ムーン（1840〜1912）

　アメリカ人ロティ・ムーンは、40年近くを中国で宣教師として過ごした。敬虔なバプティストを両親としてヴァージニアに生まれ、ヴァレー・ユニオン・セミナリー（のちのホリンズ大学）で教育を受け、修士の学位を取得した。彼女はアメリカ南部の教育機関で初めて学位を授与された女性のひとりだった。語学の才能があり、ラテン語、ギリシア語、中国語を含む数か国語を話した。姉妹たちも高等教育を受け、そのひとりは医者になった。ロティは教職を選び、ケンタッキーやジョージアの学校で教え、1871年に自身で、カーターズヴィル女子高等学校を開いた。一年後に姉妹のひとりが宣教師として中国に招聘され、ロティもそれに加わった。そして1873年に中国に渡り、男子の学校で教えた。1885年に教師をやめるまで数校で教鞭を取り、そのあとは宗教活動に専念した。

上：
シャーロット・ロティ・ムーン。アメリカ人宣教師。

19 世紀

アメリカ先住民（ネイティヴ・アメリカン）の学校教育

　アメリカ先住民の子どものための寄宿学校は、すでに 18 世紀に「同化」を目的として設立されており、19 世紀には宣教師たちがさらに多くの学校を開いた。そのような学校は欧米の習慣や思想を広め、アメリカ先住民を「文明化」すると期待された。アメリカ先住民に欧米化教育を施そうという熱意は勢いを得て、1819 年には文明化資金条例（Civilization Fund Act）が制定され、この目的のために学校を設立するキリスト教の団体や協会に資金が提供されることになった。西部や特別保留区の過疎地では、教師は小規模の学校やアメリカ先住民寄宿学校でも教えた。先住民事務局（Bureau of Indian Affairs）も学校を設立した。

下：
日曜学校のアメリカ先住民たち。ミシガン、オーナー・ミッション。

アメリカ先住民（ネイティヴ・アメリカン）の学校教育

カーライル先住民実業学校

1879年にリチャード・ヘンリー・プラット大佐（1840〜1924）はペンシルヴェニアのカーライルに先住民の寄宿学校を設立した。カーライル実業学校として知られるこの学校は、アメリカ先住民のために、連邦政府の資金によって特別保留地外に作られた最初の寄宿学校で、アメリカ国内に設立された同じような多くの学校のモデルとなった。プラット大佐は、アメリカ先住民と白人とは基本的に平等であり、強制的な同化こそが彼らをアメリカ社会に平等の資格で参加させるための最上の方法であると信じていた。彼の考えでは、教育はそのような同化を実現するための手段だった。

プラット大佐がカーライル・先住民実業学校で同化に用いた方法は、のちに一種の文化的集団殺戮であると見られるようになった。140以上の部族から参加した生徒たちは、英語を話し、英語名を名乗り、欧米の学校の制服を着なければならなかった。髪は短く切られ、靴を履くことを強制された。規律は厳しく、学校は軍隊の兵舎のように運営された。族長のなかには、息子に英語を学ばせ、商取引ができるようにさせたいと望む者もいたが、学校に子どもを連れてゆかれた大部分の親たちは、子どもたちに課せられた苛酷な管理体制をまったく知らなかった。

各部族の指導者たちを納得させるために、アメリカ先住民の族長たちは、時々学校の視察を許された。最初の視察がおこなわれたのは1880年で、その行事は撮影された。プラットはカーライル実業学校が模倣されるべきモデル校だと考えていたので、撮影は定期的におこなわれた。数学、歴史、地理などの学科目に加えて、生徒は音楽を学んだ。またスポーツが学校生活の主要な部分であった。広い体育館があり、フットボールのチームとバンドが人気を集めた。

＊ジトカラサ（1876〜1938）

教師、作家、政治活動家ジトカラサはスー語で「赤い鳥」という意味である。彼女は宣教師が与えたガートルード・シモンズ・ボニンという名前でも知られている。父親はヨーロッパ系アメリカ人、

左：
ペンシルヴェニア、カーライル実業学校の音楽教師ジトカラサ。優れた音楽家で、1900年のパリ万博で演奏した。

母親はダコタ出身のアメリカ先住民だった。父親が早くに家族を捨てたので、ジトカラサはのちに南ダコタとなるヤンクトン族の特別保留地で育てられた。彼女が8歳のとき、一団の宣教師がこの特別保留地に来て、インディアナのウォバシュにあるクエーカーの寄宿学校に入れるために何人かの子どもを連れていった。

ジトカラサは1895年に高等学校を卒業し、インディアナ、リッチモンドのアーラム・カレッジの奨学金を得た。1899年に彼女はカーライル実業学校の音楽教師の職についた。優秀なバイオリニストであった彼女は、1900年のパリ万国博覧会で、同行のバンドの生徒たちと演奏をした。一方でアメリカ先住民の物語の蒐集を始め、自分たちの土着文化が抹殺されることに関して幅広い著述活動をおこなった。高い評価を得たオペラ『サン・ダンス・オペラ』（1913）の共同製作者であり、『ハーパーズ・マンスリー』や『アトランティック・マンスリー』に作品を発表した。その著『アメリカ先住民物語集』（1921）は同化がアメリカ先住民に与えた影響を考察している。

オーストラリアとニュージーランドにおける先住民教育

　アメリカ先住民と同様に、オーストラリアとニュージーランドの先住民には口承の伝統があり、それによって文化、法律、歴史、知識が共同体と血族のネットワークの内部で受け継がれていた。「教育」もまた、経験と観察をとおしておこなわれていた。植民化によって、土着の文化と教育の慣習が、「文明化」をめざすヨーロッパ的学校教育の影響に屈することになった。

オーストラリアの教育諸機関

　オーストラリアのニュー・サウス・ウェールズにおける、最初の植民地的教育介入はパラマタ先住民協会（the Parramatta Native Institution）という学校である。これは1814年にマッコーリー総督の政府によって設立された。子どもたちは読み書きを教えられ、女の子は針仕事を、男の子は機械操作や農業を学んだ。この協会に入るために、生徒が家族から引き離される場合もあった。学校の初代監督兼主任教師はロンドン伝道協会のウィリアム・シェリー（1774～1815）で、彼の死後は妻のエリザベス・ビーン・シェリーがその役目を引き継いだ。

　1830年代に、さまざまなキリスト教慈善団体と伝道団体が先住民の子どもたちに基礎的な読み書きを教え、彼らをキリスト教に改宗させるために、学校を設立した。たとえば1838年にドイツ人のルター派のふたりの宣教師クリスチャン・ゴットリーブ・タイヒェルマンとクラモール・ヴィルヘルム・シュールマンが先住民のことばで授業をする学校を開いた。しかしこれは異例のことで、19世紀中葉には、先住民の子どものための学校での授業はほぼ例外なく英語でおこなわれていた。

　1848年ニュー・サウス・ウェールズに宗教色のない国民教育委員会が設立され、教会や慈善団体による学校と並行して、政府による学校が生まれた。だが1880年に教育条例が可決されるまでは、先住民はそのような公立学校への入学を認められていなかった。1883年に先住民保護委員会ができるまでの短い期間、先住民の子どもは公立学校に通った。その委員会の権限で先住民は政府の運営する、隔離された「特別保留地」に移された。特別保留地の外で暮らす先住民の子どもは一般の学校に通ったが、彼らは学校でしばしば孤立と排除を経験した。

下：
オーストラリア、クイーンズランド、モーニントン・スクールの先住民の子どもたち。

*クリスチャン・ゴットリーブ・タイヒェルマン
（1807～88）
クラモール・ヴィルヘルム・シュールマン
（1815～93）

前述のように、このふたりのドイツ人ルター派宣教師は、先住民のことばを使って授業がおこなわれるルター派のミッション・スクールをアデレイドに開いた。タイヒェルマンはドイツのザクセン王国に生まれ、シュールマンはハノーファーの出身だった。両者ともベルリンのイェーニッケ宣教師養成学校で、宣教師の仕事に備え、古典、諸言語、世界地理を学んだ。

ドレスデンのルター派伝道協会は、ふたりを南オーストラリアに先住民の子どものための学校を設立するという仕事に向けて育成した。彼らは現地のことばの優れた研究者で、『文法概説──アデレイドおよびその近辺での先住民が使用する、南オーストラリア先住民の言語の語彙と語法』（1840）を出版した。1840年にシュールマンはポート・リンカーンの先住民の副保護官という官職についた。彼は農業集落と先住民対象の学校に政府の支援を求め、ついに1850年ワララに学校を開設した。その学校ではパーンカーラ（バーンガーラ）語で授業がなされた。

ニュージーランドの先住民教育

ニュージーランドでは、19世紀初頭のミッション・スクールは先住民のマオリ語を使って生徒を教えた。1847年教育令が制定され、ミッション・スクールは資金援助の見返りとして授業を英語でおこなうことを要求された。しかし土地の権利をめぐって国とマオリ族との間に、ニュージーランド戦争（1845～72）として知られる武力紛争が起こり、学校は閉鎖に追いこまれた。政府は、教会による学校の再建を援助せず、1867年に先住民学校条例を定めてマオリ族の共同体のなかに、非宗教の国立学校を開設した。そこでは授業は英語だけでおこなわれた。

上：
オーストラリア、クイーンズランド、ヤラバ学校の女生徒と教師。ピッツ『未開のオーストラリアの子どもたち』（1914）の挿絵。

19世紀

67ページ：
公立学校の父、アメリカの下院議員ホレス・マン。ダゲレオタイプの銅板写真（1849年頃）。マシュー・ブラディのスタジオより。

普通教育（Universal Education）

　19世紀初めの初等教育は主として慈善団体と、宗教諸団体、個人の投機的事業が担っていた。だが、無償で無宗派の公立学校、すなわち「普通教育」に支持が集まるにつれて、世界の多くの地域で変化が起こった。

北アメリカ

　アメリカでは、ホレス・マン（1796～1859）が「公立学校運動の父」であり、無償の普通教育の熱心な推進者であった。マンは貧しい家庭の出で、ほとんど学校に行かず、独学で知識を身につけた。最終的には彼はブラウン大学で学び、1819年首席で卒業した。のちにブラウン大学で教えたが、その後法律と政治の分野に進んだ。1837年新設のマサチューセッツ州教育委員会の事務局長に任命されると、同州のすべての学校を見学し、その状態を調査するなど精力的に活動した。公立学校を堅固なシステムのもとに置くべきだと確信して、彼は1838年に『公立学校ジャーナル』を創刊し編集にあたり、大衆教育の基底にあるべきと彼が信じる原則を明確にした。彼の主張によれば、学校教育は万人に開かれているべきで、貧しい者が教育から除外されてはならない。教師はよく訓練され、正当な報酬を受けるべきである。カリキュラムは広い視野のもとに作られねばならない。

　1843年にマンは学校の視察のために渡欧した。彼は特に「プロイセンの制度」に感銘を受け、のちにそれをマサチューセッツ州で実施した。それはニューヨークでも採用された。プロイセンの制度とは、初等教育の無償化、教師の専門的訓練、校舎の建設資金提供、無宗派教育を推進するもので、生徒に国民的アイデンティティの意識を養うことも教育の一環とされていた。その制度は効率的で比較的安いコストで大人数の子どもたちに読み書きなどの基本的知識を与えることができ、マンはアメリカでその制度が効果をあげると考えた。

　1852年にマンは、オハイオ州のアンティオク・カレッジの学長に任命され、そこで哲学、経済学、神学を教え、そのかたわら公立学校の普及のために公開講演を続けた。彼は人気のある教師にして大学学長だった。初めて女性の教授を雇い、男性の同僚と同等の給料を支払った。

イギリス諸島

　キリスト教のどの宗派にも属さない、国家による大衆教育制度は過去にアイルランドで論じられたことがあったが、実現させたのは担当大臣のスタンリー卿で、1831年の、のちに「スタンリー書簡」として知られる文書にその概要が述べられている。レンスター公爵に宛てたこの書簡の内容

下：
ダブリンの女子幼児学校を訪問するヴィクトリア女王。『イラストレイテッド・ロンドン・ニュース』1849年8月18日。

普通教育 (Universal Education)

67

19世紀

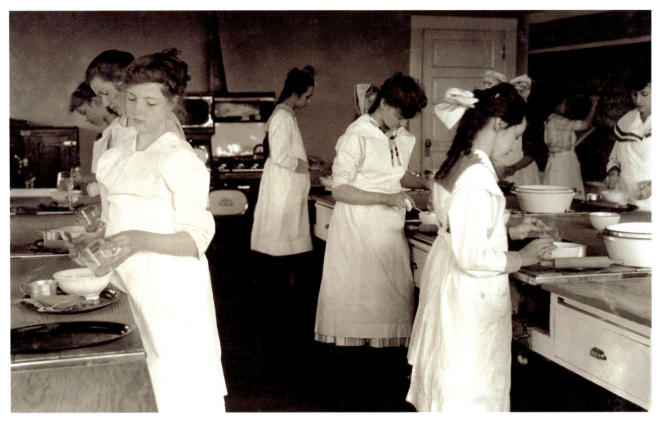

上：
オクラホマ、タルサのホレス・マン・スクールの料理のクラス。著名なアメリカ人写真家、ルイス・ハインによる写真。

はアイルランドのみならず、イングランドとその植民地に多大の影響を及ぼした。書簡は校舎建設の資金提供を管理する全国委員会を後ろ盾とした学校教育の国家的計画を示していた。全国委員会はカリキュラムの管理もおこない、すべての公立学校で教師が用いるべき、学年別の読本を考案した。良くできたその読本は大量に作られ、北アメリカの学校でも使われ、教師の間で評判がよかった。

学校は無償で、その主たる目的は英語の読み書きを普及させることにあった。1878年、目的遂行のために「出来高払い」として知られる制度が導入された。これによって教師の基本給に、彼らの生徒たちの試験の成績に基づく金額が加算された。この制度により、毎年の試験の効率よい準備のために、教師は生徒に丸暗記を強いるようになった。

アイルランドにおける公立学校教育の「実験」の成功はイングランドでの教育に影響を与えた。1870年の初等教育令によって国の方針に基づく「公立学校」が設立された。

スコットランドでは、教師は伝統的に土地の名士とみなされており、教育改革と実践に関する教師たちの意見は政策に反映された。ドミニーと呼ばれる教師は重要な存在で、「才能のある生徒」は寒村出身者でも、公立学校で一生懸命勉強をすれば教師になる道が開かれる。それは美化された国家的理想像だったが、人びとの心を捉えた。

ウェールズでは、「巡回学校」という極めてウェールズ的な制度が、グリフィス・ジョーンズ（1684～1761）によって、1730年代という早い時期から、大衆に読み書きを広めるために開発されていた。学校はある場所で3か月間開かれ、そのあと別の場所に移動した。このような学校が人

普通教育 (Universal Education)

気を集めたことが、19世紀までにウェールズの高い読み書きレベルに寄与した。だが公的初等教育は19世紀後半になるまで、ウェールズには浸透しなかった。

ヨーロッパ

18世紀にヨーロッパで、最初に無償の義務初等教育を導入した国のひとつはプロイセン王国だった。フォーシューレ（Vorschule）は、従順と義務を身につけさせると同時に、基礎の読み書き、算術を教える8年制の学校だった。1810年以降教師は教育のレベル向上のために教員免許の取得が義務づけられ、教員養成機関も国によって設立された。19世紀には中等教育制度もでき、学問コースか技術コースかで、4種類の学校ができたが、いずれも義務教育で無償だった。

1830年代にはプロイセンの初等教育制度がフランスに導入された。1880年代にフランスの教育相ジュール・フェリーが共和国国民学校を創設した。この制度によって、15歳以下の子どもは男女を問わず、無償で、カトリック教会の教育への介入を排除した非宗教の学校に通うことが義務づけられた。19世紀後半には、ヨーロッパのほかの国ぐにも初等教育を義務化しようとしたが、学校に行かない子どもも多く、識字率は低かった。

下：
教師の指導のもと、学級委員の選挙に参加する少女たち。雑誌『グラフィック』より。1876年。

19世紀

71ページ:
『学校で』氏名不詳のドイツ人教師による油彩画。19世紀初頭。

世界の教育・学習理論

　19世紀には、今もなお教師たちが拠りどころとする教育理論を提唱した重要な本が多く出版された。教育はひとつの科学と考えられ、その理論づけは厳密な研究を要した。教育理論家たちは、子どもの想像力、知能、体力の発達を大きく取りあげ、教育学という学問分野は重みを増した。同時に、教える「技術」が教育者たちの関心を引き、「自然な」魅力的な教授法の工夫が尊重された。

上：
スイス、シュタンスの学校におけるスイス人教育家ヨハン・ペスタロッチと生徒たち。

＊ヨハン・ペスタロッチ（1746〜1827）
　今日の初等教育の根底にある原理の多くは、スイスの教育家ヨハン・ハインリッヒ・ペスタロッチの思想に由来している。彼はジャン・ジャック・ルソー（25ページ参照）の影響を受け、自然との関わり、身体的活動、生徒にとって有益で楽しい勉強が必要であることを強調した。彼が開発した教授法の本質は、子どもひとりひとりの能力を徐々に発展させることにあった。カリキュラムには唱歌、スケッチ、模型製作、野外遠足が含まれていた。そのような学習活動は子どもの発育にとっても、教育にとっても有益で、生徒の能力に応じて教師が科目を選択するべきとした。

　ペスタロッチは、教師の訓練は体系的、かつ科学的におこなわれるべきと考えた。彼は多くの著作を残したが、主たる教育原理は『ゲルトルードはいかにその子らを教育したか』（1801）に述べられている。この本は彼がドイツのハノーファー、ブルグドルフの学校にて指導している時期に出版されたもので、1804年まで彼はその地に留まった。その後1805〜25年まで、スイスのイヴェルドン・レ・バンで、寄宿学校を運営した。いずれの学校でも、彼は自分の指導を実行に移し、生徒たちを知的、道徳的、身体的という三つの側面から教育した。多くの教育者が世界各地から、スイスのその寄宿学校を訪れたが、そのなかにフリードリヒ・フレーベルもいた。

19 世紀

右：
ドイツ人教育家、理論家フリードリヒ・フレーベル。

＊フリードリヒ・フレーベル（1782 〜 1852）

　ジャン・ジャック・ルソー（25 ページ参照）とヨハン・ペスタロッチ（70 ページ）に影響を受けたドイツの教育者フリードリヒ・フレーベルは、小学校教師の養成に従事し、幼児教育に関する彼自身の理論を編み出した。1837 年に彼はプロイセンのブランケンブルグに幼児のための学校を設立し、それをキンダーガルテン（子どもの庭）と名づけた。彼の教育的遺産は大きく、今日の幼稚園の広まりは彼の思想の受容を物語っている。彼は教育における遊びの役割を強調し、学習は遊びや歌をとおして達成できると考え、幼稚園の教師はドリルや丸暗記をさせるのではなく、子どもの自己表現を促すべきと主張した。

　遊びを使って刺激を与えるためにフレーベルは物と玩具を使い、それを「ギフト」と呼んだ。幼稚園で使ったことを覚えている大人は多いだろ

世界の教育・学習理論

上：
ミズーリ州、セントルイス、デスペレス・スクールの幼稚園。スーザン・ブローによって設立されたアメリカ最初の幼稚園。壁にはフレーベルのバナー、テーブルの上には「ギフト」がある。

う。「ギフト」には木の球体、立方体を入れた箱、円柱、棒、輪などがあり、それぞれに番号がついていた。たとえば「ギフト5」は立方体と角柱を入れた箱で、7.5センチの立方体を作ったり、ほかの形を作るのに利用できた。

＊ジョン・デューイ（1859～1952）

アメリカの教育者、哲学者ジョン・デューイは、ヴァーモントに生まれた。ヴァーモント大学で学士号を、ジョン・ホプキンズ大学で博士号を取得したのち、ミシガン大学の教員となった。哲学と児童心理学の研究から、彼は発達教育学の理論を構築するに至った。彼によれば、民主主義の創造に重要な役割を果たすのは学校と市民社会であった。

教師の訓練は、授業のテクニックや規律を教えることに留まってはならないと彼は主張した。そ れよりも教師は知識に対する自分の情熱を生徒たちに共有させ、彼らに知的好奇心を育てる方法を身につけるべきである。生徒たちに賢く能率よく行動することを教え、彼らの知性を磨くことをとおして、教師は市民社会形成の一端を担う。熟練した教師は、生徒たちをよく知り、自分の教授法を彼らに合わせられる。また職業のストレスや負担に屈することなく、自分の研究に情熱を持ち続けている。その結果生徒は常に引きつけられ、好奇心をかきたてられる。

「『生まれながら』の教師にとっての学びとは、それが広く共有されて、はじめて意味をもつ。」

ジョン・デューイ

73

変化する教育

訳注：教師と教員について
教師と教員は時代、国によって、重なって使用される場合が多い。次の基準が参考になる。教員は教員資格の取得者を中心に教育機関の職務についている人。教師は学校などで学業・技芸などを教える人、先生。また宗教上の教化をおこなう人（僧、神父、牧師など）を敬っていう語で、広義の意味が出る。

　教育と教師の養成に見られる変化は19世紀の教育界の特長であった。教育学が確固とした学問分野となるにつれ、大学には教員養成のためのプログラムが開設され、教育学部が置かれた。教室は次第に、社会的不平等の克服を可能とする場とみなされるようになり、教育は民主主義を促進するうえで大きな役割を果たすことができた。

世界各地における教員養成

　大学における教員養成のための学部が、教員をめざす学生たちの教育という役割を引き受けるにともない、教員という職業の地位も向上した。それ以前、学校教員は一般にほかの教員のやり方を見て模倣することで、教室管理の技術や、教育の一般原則を身につけていた。

　アイルランドではキルディア・プレイス・ソサエティ（48ページ参照）とそれに付属する教員養成学校の設立とともに、早くも1811年から、公的な教員養成がおこなわれた。もうひとつの初期の教員養成学校である、ミコ・カレッジは1834年にジャマイカに設立された。

　イギリスやアイルランドのように、年上の生徒が教師を補佐することで教え方を学ぶ、モニトリアル・システム（46ページ参照）を採用した国では、教師の「見習い」制度が19世紀前半にも残っていた。

　オーストラリアの学校もこのシステムを使っており、13歳という若さでも生徒は教師見習いに応募できた。イギリスとアイルランドでは19世紀後半に教員養成学校が増えたが、オーストラリアでは20世紀になってようやく、西オーストラリア、クイーンズランド、タスマニアで養成学校が発展した。

　日本では1872年の「師範学校」の設立とともに、教員の養成が始まった。同じころアメリカでも教員の養成が師範学校でおこなわれた。ペンシル

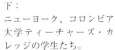

下：
ニューヨーク、コロンビア大学ティーチャーズ・カレッジの学生たち。

変化する教育

上：
アメリカ、アンドーヴァー・アカデミー。1778年設立、アメリカの教師たちが技量を磨く名門私立校。

ヴェニアは、教員に任命前の読み書き算術の試験合格を求めた最初の州だった。1867年までには、地方の管理試験がほとんどの州に導入された。試験科目には読み書き算術に加えてアメリカ史と地理が含まれていた。19世紀をとおして、教員養成に関して、それぞれの州がそれぞれの慣行に従った結果、20世紀初頭、大学に教育学部が開設されるまでは、教職の中身は整備されていなかった。

アメリカの教師たちも私立の名門「アカデミー」（最古のものは1778年設立のアンドーヴァー・アカデミーである）で教えることで教師としての技量を磨いた。そのような学校のなかにはハムデン・アカデミー（1803）のような神学校もあったが、一般には、古典的カリキュラムに沿ってエリートを教育した。たとえばデラウェア・アカデミー（1819）では生徒はラテン語、ギリシア語、天文学、数学を学んだ。このアカデミーは1840年に、公立学校の教師を養成する学部を開設した。19世紀中葉には、アメリカの多くの学校が教員養成の重要性を認識していた。様々な教育理論が広まるにつれて、教育は学問となり、大学の内部にその地位を獲得した。教育学の最初の大学院課程は1887年にニューヨーク大学に設置され、翌年コロンビア大学がそれに続いた。

19 世紀

変化する教育

人種差別と人種融合

アメリカでは、19世紀初頭の教育の大部分が人種差別に基づいておこなわれていた。宣教師のなかにはニュー・オーリンズのウルスラ会の修道女のように、黒人の子どもの教育に力を注ぐ者もいたが、ほとんどのアフリカ系アメリカ人はゼロに等しい教育しか受けられなかった。また奴隷であるアフリカ系アメリカ人に読み書きを教えることを禁じた州もあった。

南北戦争後の再建期間に、公的教育を実施する法律が南部諸州の州議会で可決された。ニュー・オーリンズの人種差別を廃した公立学校は例外として、新たに設立された学校では人種差別がおこなわれた。黒人の教師が養成され、黒人学生のためにカレッジが作られた。たとえばアラバマのタスキーギ・インスティテュートの最初の指導者はブッカー・T・ワシントンだった。

アフリカ系アメリカ人に教育の機会を広げた結果、彼らは大学で地位を確保できるようになった。教育者で物理学者のエドワード・アレクサンダー・

左：
タスキーギ・インスティテュートの数学の授業。アメリカ人報道写真家フランシス・ベンジャミン・ジョンソン撮影。1899年。

下：
ヴァージニア、ハンプトン・インスティテュートの計量地理学の授業。太陽を周回する地球について勉強している。アメリカ人報道写真家、フランシス・ベンジャミン・ジョンソン撮影。1899年。

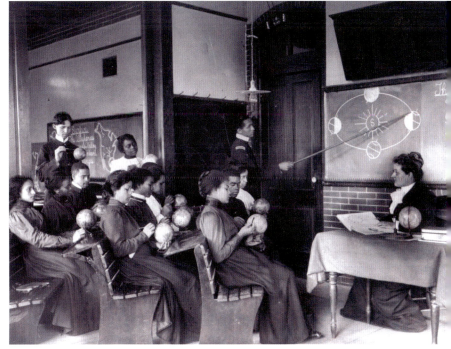

19世紀

上：
ブッカー・T・ワシントン。
黒人の実務教育を推進した。

ブーシェのような人びとは大学に進学して、その専門分野で名誉ある地位を得ることができた。

*ブッカー・T・ワシントン（1856～1915）

ヴァージニアで奴隷の子として生まれたワシントンは、奴隷解放後に家族とともにウエスト・ヴァージニアに移った。金を稼ぐために炭鉱で働き、奴隷から解放された人びとのための、ハンプトン師範農業学校（Hampton Normal and Agricultural Institute, 現在のハンプトン大学）に進学した。彼はウエイランド・セミナリー（現在のヴァージニア・ユニオン大学）でも学んだ。1881年に、アラバマにある師範学校、タスキーギ・インスティテュートの初代の学校長に任命された。

ワシントンは黒人政治家として著名な存在で、教育、慈善事業、実業界のリーダーたちと親交があった。南部に何百もの学校と高等教育機関を設立する資金集めに尽力し、独学で地位を築いた多くの白人の慈善事業家たちの支援を受けた。またそれこそが黒人に安定と富をもたらすと考えて、黒人のための実業教育を推進した。アフリカ系アメリカ人の、アメリカ文化への寄与を示そうと、彼は1900年のフランス、パリ万博で「アメリカの黒人たち」の展示の構成に助力し、母校ハンプトン師範農業学校の学生たちの写真を提供した。

*エドワード・アレクサンダー・ブーシェ（1852～1918）

彼はアメリカの大学で博士号を取得した最初のアフリカ系アメリカ人である。博士論文は1876年にイエール大学で完成させた。黒人学生のための学校、フィラデルフィア・インスティテュート（現在、ペンシルヴェーアのチェイニー大学）で26年間化学と物理学を教え、オハイオのリンカーン高校や、テキサス、マーシャルのビショップ・カレッジでも教えた。イエール大学とアメリカ物理学会には、彼を記念してその名を冠した賞がある。

*ファニー・ジャクソン・コピン（1837～1913）

黒人学生のためのインスティテュートで教えたもうひとりのアフリカ系アメリカ人教師はファニー・ジャクソンだった。彼女は奴隷の子として生まれ、おばの尽力で自由な身分となり、家事使用人として働きながら苦学した。1860年にオーバリン・カレッジに入学し、1865年に卒業した。1869年に黒人のためのインスティテュートの責任者に任命され、初めての黒人女性の校長となった。彼女は数学、ギリシア語、ラテン語を教え、在職した37年間に多くの教育改革をおこない、アカデミックな教育と並んで実業教育を促進するという自らの目標を達成した。

ジャクソンはまたアメリカにおける学区の監督になった最初のアフリカ系アメリカ人でもあった。彼女はメソジスト監督教会の牧師リーヴァイ・コピンと結婚し、彼とともに南アフリカに移ったが、その地で彼は牧師の務めを果たし、彼女は教育の仕事をした。ケープタウンに、ベセル・イン

下：
最初のアフリカ系アメリカ人女性校長ファニー・ジャクソン・コピン。

女性の職業としての教師

19世紀における女性教育の改革は、教職に直接影響を及ぼした。大学を出た最初の女性たちの多くが学校教師になったからである。教職という選択は女性に経済的自立と知的刺激をもたらし、旅行の機会さえ与えた。

エミリー・デイヴィスがイギリスのケンブリッジ大学にガートン・カレッジを創立したとき、それほど多くの卒業生が教職の道に進むとは予想していなかったことだろう。1879〜90年までにガートンで学んだ102名の学生の半数が学校教師に、16名がカレッジの教師になった。1869年の最初の卒業生たちはガートン・パイオニアとして知られるようになった。彼女らのうち数名が教師になった。ルイズ・ラムスデンはチェルトナム・レディズ・カレッジの古典の教師となり、のちにセント・アンドリュース大学の、女子学生のためのユニヴァーシティ・ホールの初代学寮長になった（1895〜1900）。ジェーン・フランシス・ダヴはウィカム・アビー・スクールの初めての女性の校長（1896〜1910）に、ルイザ・メイナードはウエストフィールド・カレッジを共同で設立したのち、1882年にその初代学長となった。

ガートンの卒業生のなかにはアメリカに渡って、卒業後も研究を続けた者もいた。アメリカでも先駆的な女性のカレッジが、のちに教師となる多くの卒業生を輩出していた。マウント・ホリヨーク（1837）、ヴァッサー（1865）、ウエルズリー（1875）、スミス（1875）、ハーバード大学付属のラドクリフ（1882）、ブリン・マー（1884）は多くの教師を送り出した。

アメリカ人女性にとって、教職は田舎の単調な生活からの脱出でもあった。1882年にウエルズリー・カレッジの学長のアリス・フリーマン・パーマーは学生たちに教職につくよう熱心に勧めた。彼女が学長の2年間では、最上級学生の71%が教師になった。フリーマン・パーマーは女子教育のレベル向上のために、ウエルズリーの周辺に中等学校を設立した。ウエルズリーの卒業生の多く

上：
「ガートン・パイオニア」
イギリス、ケンブリッジ、ガートン・カレッジの最初の卒業生たち。1869年。

スティテュートを設立したのもその働きのひとつだった。夫妻は10年間の宣教活動ののちアメリカに戻り、彼女は1913年に没した。1926年に彼女の名前を冠したファニー・ジャクソン・コピン師範学校がボルチモアに設立された。

は、それらの学校やほかの何百という全国の学校で教えた。フリーマン・パーマーは中等教育の著名な専門家となった。

女性教師と出世

教職はなぜ女性に気に入られたのか。第一に、ほかの知的職業が女性に門戸を閉ざしていた時代に、教職は女性に開かれていた。第二に、教職は母親のような思いやりが必要な仕事であったので、レディにふさわしいと考えられた。第三に、教職は世間体のよい職業で、下層中産階級の娘たちにとっては社会的地位向上への道だった。

女性教師のすべてが大学出ではなかった。たとえばアメリカで最初の教職員組合を作った著名な教育者マーガレット・ヘイリーは下層中産階級に属するアイルランド系移民の娘で、父親は仕事がうまくいっていなかった。ヘイリーは、父親が見栄で年に85ドル払って、娘を通わせていた私立のカトリックの学校をやめ、16歳で教職を目指し、小学校教員免許取得の州の試験を受けた。その免許によって、彼女はシカゴで拡張していた公立学校制度で職が得られた。

教職が女性にとって魅力的だったのは、それが家庭の外で働き、友情の強い絆を結び、時には未知の場所に旅行する機会を与えたからでもあった。たとえばアメリカのフロンティアは多くの女性が、教師としての新たな生活を築く場となった。

メアリー・アン・グレイヴズはそのようなフロンティアの教師だった。彼女は1826年にインディアナで生まれ、1845年には家族とともに幌馬車隊に加わってカリフォルニアに向かった。1847年に結婚してサンノゼに住んだ。しかし夫が殺害されたあと彼女は生計を立てるために、教職についた。彼女はトゥーレア郡で任命された最初の学校教師で、何世代もの子どもたちを教えつづけた。フロンティアで教えた何千人ものアメリカ女性たちは、生徒たちのためにたゆまず働いた。

右：
ウェルズリー・カレッジ学長アリス・フリーマン・パーマー（1855〜1902）。

19 世紀

上：
ロンドン、クイーンズ・カレッジの美術の授業。

女性の高等教育

19世紀中葉まで、世界のほとんどの国で女性は大学から締め出されていた。中世には女性の学者が存在し、彼らは明らかに大学から恩恵を受けていたが、女性の大学教育と学位取得が公的に認められたのは、19世紀末であった。当然予想されるように、ひとたび女性が大学教育を受けるようになると、彼女らは教職に惹かれ、学校教員、校長、それにまだ数は少なかったが、大学の教員のポストを確保した。

19世紀のイギリスでは、文化団体、科学団体、機械工協会（Mechanics' Institute）、働く人のための大学（Working Men's College）などが主催する講演会があり、女性たちはそれに参加した。これは成人教育の一種で、教員養成のものではなかった。このような講演会は女性に人気があり、1839年のヨークやシェフィールドでは、聴衆の3分の1が女性であった。主催団体にとっては女性向けの講演会は収入源だった。たとえばロンドンの働く人のための大学は週4回のクラスで1学期5シリングを徴収し、簿記、歴史、地理などの科目を提供した。

中産階級の娘や成人女性を引き寄せた講演会は、ことに教師やガヴァネスをめざす女性たちに人気があった。しかしながら、そのような講演会はそれ自体では教員養成につながらなかった。女性た

変化する教育

「学校教員の目標は単なる知識の伝達かもしれない。
しかし、大学の教員は原理の理解へと学生を導かねばならない。」

F. デニスン・モリス　クイーンズ・カレッジ学長
ロンドン、イギリス、1848年

下：
チェルトナム・レディズ・カレッジ学長ドロシア・ビール。女性教員のための専門的訓練を終始支援した。

ちは独立した女性のためのカレッジの必要性を痛感し、その結果ロンドンに2つの重要な教育機関が設立された。クイーンズ・カレッジ（1848）とベッドフォード・カレッジ（1849）である。両者は女性たちに、教職に必要な教育を提供した。

クイーンズ・カレッジを「学校」ではなく「カレッジ」としたことは、女性が一般に受けられるものより高度の教育をそこで与えようという意図を反映していた。クイーンズ・カレッジに入学した女性たちは、自分を取りまく学問の厳しさと探求心に触れていかに気持ちが高揚したかを語っている。

クイーンズ・カレッジの最初の学生のなかには、アカデミックな女子教育に関して指導的役割を担ったふたりの女性、ドロシア・ビールとフランシス・バスがいた。

＊ドロシア・ビール（1831〜1906）
ロンドンの外科医の家に生まれたドロシア・ビールはその階級の女性たちに共通の教育を受けた。つまり家庭での教育のあと、上流の娘向きの寄宿学校に入った。1848年に、彼女ともうひとりの姉妹は、新たに開校されたロンドンのクイーンズ・カレッジに入学した。

ビールは生まれながらの学徒で、数学に秀でていた。1849年にクイーンズ・カレッジの数学のチューター（訳注：学生を個別に指導する）となり、その後、同カレッジ付属学校の教頭になった。1858年には49人の応募者のなかから選ばれ

83

19世紀

上:
女性の高等教育施設で初めての学寮、イギリス、ケンブリッジ、ガートン・カレッジのスタンリー図書館。

て、グロスター州チェルトナムの名門校チェルトナム・レディズ・カレッジ（1854）の校長となった。

ドロシア・ビールは女性教員のための専門的職業訓練を終始支援した。それが女子教育のレベルを向上させる唯一の方法だと信じていた。彼女はオックスフォードのセント・ヒルダ・カレッジを女性のための寄宿制の教員養成カレッジとして設立した。幼稚園の教員を訓練する学科も作った。

教職に情熱的に取り組んだビールは、1895～97年まで、女性校長協会（Headmistresses' Association）の会長を務め、女子教育という大義に関して積極的に発言した。王立教育委員会で証言し、女性のためのアカデミックな教育を強く支持した。

*エミリー・デイヴィス（1830～1921）
エミリー・デイヴィスは、1869年にケンブリッ

変化する教育

ジで女性の高等教育施設として最初の学寮である、ガートン・カレッジを創立したが、それはアカデミックな教育を女性に与え、女性のために教職の機会を拡大する、さらなる前進であった。デイヴィスは医学を学ぶ友人のエリザベス・ギャレットの強力な味方だった。ギャレットはついにはイギリス女性で最初の内科医・外科医となった。

学問のある女性はしばしば『パンチ』のような大衆向け雑誌で揶揄されたが、デイヴィスは教育への挺身を続け、ロンドン教育委員会のメンバーとなり、『女子高等教育』(1866)を著した。フランシス・バス、ドロシア・ビール、画家のバーバラ・ボディションのような女性たちの支援を得て、彼女が創立したガートン・カレッジは「男性の教育に匹敵する」教育を女性に与えることを目指していた。彼女は1901年にグラスゴー大学から名誉博士号を贈られた。

上：
19世紀の雑誌『パンチ』の風刺漫画。ともにローブ姿の学士たちが、男性はビールを、女性はお茶を飲んでいる。

左：
教育学者、ケンブリッジ、ガートン・カレッジの教授エミリー・デイヴィス。

19世紀

スレート（石板）からタブレットへ

2世紀もの間、教室で読み書き算数を学ぶさい、生徒はスレートを使った。19世紀前半、それが紙に代わり、21世紀には、電子端末が学校に登場した。

スレートと尖筆は最古の時代からの生徒の道具で、19世紀の教室でもまだ使われていた。薄く切った石を木製の枠にはめこんだもので、時にはチョークを消すためのスポンジが紐の先についていた。19世紀の多くの学校ではスレートは共用で、生徒たちはしばしばそれに唾をつけ袖で拭きとった。それは伝染病が広がる原因にもなった。

スレートは教師用の黒板としても使われた。それは支え台の上に置かれるか、教室の壁に据え付けられた。黒板の欠点はチョークから生じる粉だった。1950年代に登場した白板は、それにくらべて清潔だった。最初はエナメル加工のスティールが使われたが、これはコストがかかった。ラミネート加工や、ビニール塗装、アクリル樹脂塗装のものが、20世紀後半にはより安価な代替物となった。ドライワイプのマーカーが使用されていて、表面を拭くのに湿ったスポンジなどが使われている。

今日では双方向対話型の白板が一般的である。それはコンピューターに繋がっていて、プロジェクターがコンピューター画面を白板に映し出す。教師と生徒はスタイラスペン、マウス、あるいは指でコンピューターを操作する。

スレート時代の尖筆が、電子タブレット用のスタイラスペンとして現代に蘇ったが、それ以前に尖筆に替わって使われたのは鉛筆だった。グラファイト（鉛筆の芯の材料）は、イギリスで16世紀に発見されていたが、鉛筆の大量生産はドイツでおこなわれた。ニュールンベルグの家具職人カスパー・ファーバーは、余暇に木製の鉛筆を作った。これが1761年設立のファーバー・カステル社の始まりだった。アメリカでは、ジョゼフ・ディクソンが1847年にジャージーシティに鉛筆工場を作り、そこで1分間に鉛筆137本分の木材を製造する機械を開発した。ビジネスは成功し、19世紀末には1日当たり25万本の鉛筆が消費された。だがアメリカで最古の鉛筆が作られたのは、1812年にマサチューセッツで、家具職人ウイリアム・モンローによる、とされている。

習字帳は18世紀中葉に初めて使われ、19世紀に広くゆきわたった。小学校教師は手本のついた練習帳を好んで用いた。毎ページ筆記体の文字の手本が上段に示されていて、生徒はできるだけ忠実にそれを真似て書いた。

左から右：
①スレートをもつ児童。②ろう板と尖筆をもつ女性。ローマのモザイク画。③ファーバーの鉛筆。ドイツ企業のカタログ（1897）より。④電子タブレットを操作する子ども。

スレート（石板）からタブレットへ

上：
白板と電子スタイラスペンを使用する21世紀の教師。フランス、リヨン。

下：
19世紀の手本付き習字練習帳のページ。手本として簡単な格言を載せている。図画指導用の練習帳もあった。

右：
1917年当時の黒板。オクラホマシティのエマーソン高等学校で、黒板を撤去したさいに、その下からひと続きの古い黒板が出てきた。

87

3 20世紀

　ふたつの世界大戦と世界恐慌を通じて、教師たちは教室での業務をはるかに超える責任を引き受けた。教育という専門的職業は心理学の発達に影響され、教職に関する「科学的」研究によって大きく進歩した。社会の変化とテクノロジーの変化を背景に、教員養成は新しい理論と方法論を活用した。物質面でも学校教育は変化した。つまり、20世紀初頭には子どもたちはスレートに書いていたが、20世紀の終わりにはコンピューターを使っていた。

20 世紀

88 ページ：
20 世紀初頭のベルリンの
学校での木工の授業。

89 ページ：
当初、学校での計算機の
使用は物議をかもしたが、
1990 年代には広く認め
られた。そして、アメリ
カでは大学進学適性試験
（SATs）などでも使用され
ている。

変化する教室

　19 〜 20 世紀にかけて教室はかなり変化した。設備や座席の配置や学校建築は、改良され近代化された。変化は広範囲にわたるイノベーションを反映したものであり、幼年期についての新しい教授法と考え方に対応したものでもあった。生徒たちは自分たちの学校について当事者意識を大きく持つようになり、19 世紀には禁止事項が多かった教室は、子どもたちが自分たちの作品を展示し、自分たちのものを保管し、季節の装飾を施す部屋へと変わった。

下：
20 世紀初頭、木製机は並
べられて動かされずに使用
された。このような設備は
20 世紀の後半でも引き続
き見られた。1900 年頃の
ニューヨークの教室、少女
が黒板の前に立っている。

教室の設備

　学校用机は 19 世紀末から 20 世紀中、何度もデザインが改良されてきた。義務教育とは多くの子どもたちが学校へ通うことを意味し、製造業者は学校用家具の成長市場への参入に乗り気であった。机はファッション・デスク（1880）などの商品名が付けられ、広告は各デザインの優良面をアピールした。初期の机と椅子は鉄製のフレームに一緒に取り付けられていた。インク入れとペンを収める溝があるのが一般的であった。スペースを取らず値段も安かったので、多くの学校では 2 人用机が好まれた。その後の改良では、本を収納出来るように下部に隠れたボックスのついた 1 人用机もあった。

20 世紀中葉から、この種のボックスデスクを好む学校がある一方で、スポーツ用品と本の両方を収納するスクールロッカーと併せて、持ち運べて重ねて収納出来るテーブルとイスを好む学校もあった。

学校建築のデザイン

　「一教室型学校建築」は建築専門用語のひとつであるが、これは学校の周りにある建物群の特徴を模倣したものであった。例えば、19 世紀初頭のアイルランドの学校建築は、コテージや小さな住宅によく似ていた。その後、アイルランド国民協会が、州の補助対象の国立学校を支援した際、標準モデルが設計され、その後は、多少変更しながら建てられた。アメリカでは、大草原に点在していた一教室型学校建築は納屋か木造農家に似ていた。裕福な篤志家か修道会によって建てられた学校は、たいてい大きくて感動するような建築であった。例えば、女子修道会は児童や生徒だけでなく教団の人びとも住まわせねばならず、寄宿学校は頑丈な建物である必要があった。

　イギリスでは 1870 年代に普通教育が導入された際、何千もの新しい学校を建てることになった。規格化されたデザインが用いられ、その結果、ヴィクトリア朝時代の何百もの学校には赤煉瓦造り、切妻屋根、白色塗装壁面、縦長窓などの特徴があった。

＊マリー・メッド（1907 〜 2005）
　マリー・メッドは、一流の近代建築家のひとり。

変化する教室

イギリスのブラッドフォードで生まれ、イギリス最難関のパブリックスクールのビードゥルス校で学び、その後スイスで教育を受け、1927年にロンドン建築協会で建築の訓練をはじめた。1941年、ハートフォードシャー州の教育行政官に雇用されて、学校の給食室を設計した。第二次世界大戦後は、ハートフォードシャー州の学校建築に専門的にかかわった。メッドは建築家のなかでは特異な人物で、教師たちが学校建築に望むものを知るため、努めて教師たちと相談した。メッドはいつも教師たちと生徒たちに必要なものに十分気を配り、子ども中心の教育のための学校空間の重要性についての十分な知識を持って、多くの学校建築を設計し続けた。彼女の学校建築デザインの国際的な高い評価は、彼女の見解が学校建築のデザインプロジェクトに求められていることを意味している。

21世紀において、学校建築のデザインにはピア・ツー・ピア・ラーニング（訳注：仲間同士の学習）の促進が必要で、幅広い学習スタイルに適応すべきと認識されている。よいデザインは、教師が個人に対応した教育体験を提供するのに役立つ。このような教育には、組立て式学校用家具、万能スペース、あるいは「ラーニング・ゾーン（学習ゾーン）」の組み合わせが有効である。目標は持続可能な「グリーンな（訳注：環境意識の高い）」学校建築を建てることであり、そのような学校では、光と水と非毒性の建材が巧みに用いられている。これは、古い学校建築を維持する際にもなされうる。

上：
ロンドンのバーンウッド校。AHMMによる建築例で2015年スターリング建築賞受賞。二層分の吹き抜けになった教室空間、堅苦しくないテーブルのグルーピング、アートと大胆な色の使用などに特徴がある。

左：
イギリスの20世紀中葉の近代的学校建築の影響力のあった建築家、マリー・メッドの肖像。

「学校建築は、単に実用的で機能的な建物以上のものとなり得るし、そうなるべきである。学校建築により、子どもたちと教師たち、そしてさらに一段と広いコミュニティにやる気を起こさせる。よい学校建築のデザインは、生徒たちが自己評価をし、また受けている教育を評価する仕方に違いを生じさせる。」

ポール・モナガン
（オールフォード・ホール・モナガン・モリス（AHMM）のディレクター）

20世紀

教育に関する研究

20世紀には、学問的領域としての教育が発展した。他分野の多くの理論家は、教育の世界を特徴づける活発な議論に寄与し、大学にはじめて教育学部が設置された。児童心理学やカリキュラム研究、科目教授法などの領域における調査研究は、教職の専門職化に寄与した。

下：
オーストリアの哲学者でシュタイナー・ヴァルドルフ学校の創設者であるルドルフ・シュタイナー。1920年代。

教育理論家

19世紀後半から20世紀に、教育に関する多くの考えが登場し、学校教育をつくってきた。例えば、ルドルフ・シュタイナーの考えは、シュタイナー・ヴァルドルフ学校に見られ、一方、ホームスクール（訳注：自宅で学習する教育）の動向は、シャーロット・メイソンの考えに基づいていた。ジャン・ピアジェは認識力の発達理論を発展させ、ジェローム・ブルーナーはカリキュラムの発展への考えをはっきり述べた。有名な教育者には、ジョン・デューイ（73ページ参照）やマリア・モンテッソーリ（94ページ）、マルティン・ブーバー（97ページ）、イヴァン・イリイチ（98ページ）、そしてパウロ・フレイレ（98ページ）がいる。

ブーバーは子どもの自然な創造力を認めていたが、子どもたちが創造または「創出」するために基本的に本能的な方向付けをしていると主張してもいた。つまり、子どもたちは創造や経験の意図に関わりたいと思っている。この自発的な創造性には、教師との触れ合いが必要である。教師は感化し、指導し、批評するが、教師の関与は控えめで対話的であるべきだ。教師と生徒の間の対話は、実際に聞くこと、共感すること、生徒と教師の双方が出会いから学ぶことによる意欲などが含まれなくてはならない。

*ルドルフ・シュタイナー（1861～1925）

哲学者、文筆家であるシュタイナーは1919年に自らの最初の学校を設立した。ヴァルドルフ・アストリア煙草工場の労働者の子どもたちを教育するために設立され、すべての子どもの成長についてのシュタイナーの理論を実現したものだった。芸術的、実用的なアプローチを通じた教授がおこなわれ、リズミカルな動きをおこなう授業や創造的な遊び、健康によい食事なども含まれていた。

今日、シュタイナー・ヴァルドルフ学校と教員養成センターは世界各地にある。アメリカではヴァルドルフ学校として知られていて、一方、イギリスではシュタイナー学校として一般に知られている。学校の建物は生徒たちの作品で飾られており、シュタイナー・ヴァルドルフ学校の教育方針は創造と自己表現の促進である。また、世界と自分自身の尊重に重きを置いている。シュタイナーは教師たちに中等学校（7〜14歳）でグルーピングした同じクラスと過ごすのを奨励したが、そのような時間を過ごした後、生徒たちは専門科目の教師たちの授業を受けていた。

＊ジャン・ピアジェ（1896〜1980）
　スイスの発達心理学者、ピアジェの認知発達の理論は、1960年代に広く影響を与え、学習者中心のアプローチによる教授法が世に広まった。子どもの発達に関する調査には、パーソナリティ、自己概念、言語の発達、認知発達などの研究があった。ピアジェは発達心理学に大いに貢献し、四つの発達段階があると明確に述べた。子どもたちは自分の事前の知識を反映させて学習を強化し、それをますます複雑化する構造のなかに整理することで学習を高めている。教師は答えと解法のすべてを教えるよりもむしろ、子どもたちに発見から学ばせるべきだとピアジェは主張した。

＊ジェローム・ブルーナー（1915〜2016）
　アメリカの心理学者、ブルーナーの認知学習理論の論文は、多大な影響を与えた。1960年代、ブルーナーは、カリキュラムの改良、特に、単に事実の記憶だけに焦点を当てないカリキュラムの再設計方法について、重要論文をいくつか書いた。「知力が必要な活動は、どこでも同じである。知識の未開拓分野でも、3年生の教室でも」とブルーナーは語った。
　ブルーナーはヘッドスタートという早期保育プログラムの創設を支援し、教育システムを国際的に改良するために、イタリアのレッジョ・エミリアの革新的なプレスクールと協力した。

「過激であれ、穏健であれ、起こり得る崩壊から私たちの社会を救えるのは、教育だけである。」

ジャン・ピアジェ　1934年

上：
スイスの心理学者、ジャン・ピアジェ。1974年。

20 世紀

上：
イタリアの教育理論家、マリア・モンテッソーリ。

＊マリア・モンテッソーリ（1870～1952）

　その名が幼児教育とほぼ同意語となっている教育者は、イタリアの医学者で教師のマリア・モンテッソーリである。その教育哲学は、本人自身の名で知られ、世界中の学校で用いられている。モンテッソーリ・メソッドは、ローマ大学の医学の学位取得を含む念入りな研究から導き出された。モンテッソーリの医学での研究には、小児科と心理学の研究が含まれ、後年の教育での仕事に影響を与えた。

　大学を卒業直後に、モンテッソーリは障害のある子どもたちに関わる仕事に就き、1900年、特別な配慮が必要な生徒を扱う教員の訓練機関であるスクオラ・マジストラーレ・オルトフレニカの所長となった。モンテッソーリは生徒たちと一緒に使う器具や教材を開発し、子どもたちが（一般の通念とは逆に）自己教育力を備え、自ら学問的成功に導けることを証明した。

　モンテッソーリは、「科学的教授法」と名付けた方法で自分の考えを推し進め、1906年にローマにあるカーサ・デ・バンビーニ（子どもたちの家）の所長職を引き受け、そこで、自分の教授法を特別な教育的配慮がいらない子どもたちに適用した。モンテッソーリの教室は、子どもたちのための小さめのテーブルとイス、学習活動用備品のための特別のキャビネットが置けるようにデザインされていた。本棚は子どもたちがとどく高さで、備品は子ども用サイズだった。子どもたちは、靴ひもの結び方や掃除用ブラシの使い方などの実用的なことをこなし、自分のことは自分で行い、環境を整える方法を学んだ。手洗い、ペットの世話、清潔と整理整頓も、教育の一環であった。このような活動が子どもたちの独立と自立に役立つと、モンテッソーリは信じた。

　モンテッソーリはまた、子どもたちの読み書きの学習方法を試みた。サンドペーパーを切った文字と、ラベルを貼った絵のカードを用いた。そのアイディアは、今日、幼児教育で先生たちが日常的に用いている。

教育に関する研究

「教師にとって成功といえる大きな証は、『子どもたちがまるで私など存在していないかのように活動している』と言うことができることである。」

マリア・モンテッソーリ

上：
1946年、イギリス、ロンドンの学校を訪れたマリア・モンテッソーリ。

20世紀

「戦争を防ぐのは政治家の仕事、平和をつくり上げるのは教育者の仕事。」

マリア・モンテッソーリ

上：
アフリカ大陸の地図にピンを立てて勉強している8歳の少女。2006年。アメリカ、ヘンソンバレー・モンテッソーリ学校にて。

最初のカーサ・デ・バンビーニ（子どもたちの家）の設立から20年で、スイス、イギリス、フランス、中国、オーストラリア、日本、韓国、そしてアメリカなどの国々の学校で、モンテッソーリの教育法は定着した。1909年、彼女の考えは、『モンテッソーリ・メソッド』というシンプルなタイトルの本として出版された。この本はアメリカでベストセラーとなり、多くの言語に翻訳された。

モンテッソーリの教授法は時々柔軟性に欠け、教室での活動に自発性の欠けたものがあると批判されてきたが、モンテッソーリ・メソッドの指針は世界中の学校で今も用いられており、その教員養成訓練は、国際モンテッソーリ協会により認証された教員養成の専門分野である。

教育に関する研究

*マルティン・ブーバー（1878～1965）
　ウィーンで生まれたマルティン・ブーバーはライプツィヒ大学の学生だった頃、ユダヤ人の政治への進出を主唱した。1923年、ブーバーはフランクフルト大学のユダヤ教の宗教哲学長に任命された。ナチズムの台頭により、ブーバーは退任を強いられたが、人前での講義を禁止されるまで、ナチ支配下のドイツでユダヤ人教育を推奨し続けた。1938年にパレスチナに移住し、エルサレムのヘブライ大学の人類学と社会学の教授になった。

　ブーバーにとって、教育は自由と関連し、思想・信条の自由、表現の自由と結びついている。教師の役割は、概説や概論を押し付けることより、学習や調査・探査の手助けをすることだとした。教師は自然体で信頼されるべきだとした。ブーバーは教育学の細部にはあまり興味を示さず、教師がどう生徒たちにアイデンティティ意識を与えるか、教師がどうすれば生徒たちが責任感と愛を持って行動出来るようになるかということに、より興味を示した。

「私は、私の話を聞いている学生の手を取って窓のところに連れて行く。私は窓を開け、外にあるものを指さす。私は何も教えない……。私は会話を続ける。」

マルティン・ブーバー

左：
オーストリアの哲学者、
マルティン・ブーバー。
1963年。

97

20 世紀

「教育者が教える際におこなうことは、生徒たちに自分らしくさせることだ。」

パウロ・フレイレ

上：
ブラジルの教育者、パウロ・フレイレ。1979 年。

* パウロ・フレイレ（1921 〜 97）

ブラジルの教育者、パウロ・フレイレは、学校教育が生徒たちに批判や探究心を教えず、情報を「詰め込む」だけの手法を批判した。フレイレは研究者・文筆家になる前に何年間か学校の教員をしていた。1969 年にハーバード大学の客員教授になり、その後ジェノバの世界教会協議会の教育特別顧問になった。1980 年にブラジルに戻り、サンパウロの教育省長官になった。

フレイレの最も知られた著書は『被抑圧者の教育学』（1970 年）であり、この著書でフレイレは、抑圧された人びとの教育は、尊厳を取り戻させ、解放を可能にするべきだと主張した。さらに重要なことに、抑圧された人びとがこの教育の究明に関与することだとしている。教育は政治的な活動であり、教師たちは教育の政治性を自覚すべきで、自分たちが教室に持ち込む思想を自覚すべきだとフレイレは主張した。

* イヴァン・イリイチ（1926 〜 2002）

オーストリアのウィーンで生まれたイヴァン・イリイチは 1960 年代の指導的な教育思想家である。その年代に資本主義社会の創出に学校が果たしている役割を、急進的な思想家たちは批判をしていた。イリイチは「われわれの時代の最も傑出した人物のひとり」と言われていた。「脱学校化」教育の父であるイリイチは学校制度と学校の両者を非難した。イタリアのフィレンツェ大学、その後ローマのグレゴリアン大学で教育を受け、カトリックの司祭となった。最初はニューヨークで働き、その後ポンセのプエルトリコ・カトリック大学の副総長になった。教区の司教との意見の不一致から、1960 年にニューヨークに戻り、フォーダム大学の教授になった。教会との論争や意見の不一致が続いた結果、1969 年に司祭職を離れた。

イリイチの教育に関わる著作は、画一化された教育に批判的で、彼には学校制度と教育は本来的に対立する概念との信念があった。学校は、文化資本を持つ人びとが最大利益を得続ける社会を維持する価値を再生産するものだと主張した。学校

教育に関する研究

が提供するものには本質的な価値があるという神話を学校は支持するが、一方で、教師たちは「成果物」としてのカリキュラムを提供すること、生徒たちは卒業証書と学位と資格の取得レースに捕らわれている。本当の学習には、自己を教育し、高める方法があると、イリイチは信じていた。博物館、図書館、劇場、それに仲間同士での自由な技能や意見の交換などのすべてが、彼にとって教育の価値ある資源であった。今日、社会的な教育ネットワークを使い、インターネットの無料で使える情報を利用して、人びとが自分の学習を支援する方法には、イリイチの考えがいくらか反映している。

「確かに、教育が、ある環境の下でのある種の学習には役立つかもしれない。しかし、ほとんどの人びとは学校の外で、その知識のほとんどを得ている……。」

イヴァン・イリイチ

上：
社会改革主義者、イヴァン・イリイチ。1985 年。

20世紀

教える条件

教育哲学者が刺激的で実験的な教育の必要性をはっきりと述べ、理論家は生徒たちによい教育を体験させる教師の役割の重要性を認識していたが、現実には20世紀初め、世界中の多くの教師が劣悪な条件で働いていた。よりよい学校と教員養成の新しい方法が必要とされていた。

アメリカでは、高校の校長エドワード・グッドウィンが、教師たちの学校教育での状況について、現実的な評価をおこなった。

「教師は屋外で十分に体を動かす時間を取るべきで、必要な休息や楽しみを持てるように便宜をはかられるべきである。これは、教師の権利であるだけでなく、義務でもある。教師にありあまる活力と優しい気質があれば、子どもたちは粘土のように柔軟で扱いやすいものである。しかし、ニューイングランド州の村の高校教師たちのうちの何人が、この条件に近いだろうか。授業の際、教師たちはひどく緊張している。教師たちは日々、教室で最も頭を悩ます仕事をこなし、そして夜には熱心な生徒を教えたり、次の日に指導する六つ、七つ、八つ以上の授業の準備をしている。このような生活がもたらす衰弱は容易にはわからない。教師がイライラして怒りっぽく元気がないことを誰も不思議に思わないだろう。もし若者が小さな高校に就職し、そこにとどまるよう誘われているなら、良心的で誠実な教師たちの精神を抑圧し、健康を損なう過重労働のストレスや緊張は取り除かれるべきである。」1895年5月、マサチューセッツ州ニュートン、エドワードJ.グッドウィン。

右：
混合クラス（5～13歳）、19～20世紀頃のケンタッキー州アンソストンの有色人種の学校。学校に子どもは27人登録されていたが、12人しか入学していない。教師の一学級19人の想定よりひどかった。「タバコ栽培が子どもたちを学校に行かせなくしている。人手不足だからだ。」教師のひとりがそう言ったと報告されている。

100

上：
国語あるいはペン習字の授業を受ける男子と女子。カーライル先住民学校、ペンシルヴェニア州、カーライル。1901年。

　アメリカやカナダ、オーストラリアには、何万もの一教室型学校と二教室型学校が点在していた。そのような学校はヨーロッパでも一般的で、教師はただ教えるだけではなく、それ以上の責任を抱えていることがよくあった。冬の朝にはいつも暖炉の火をおこさねばならず、修理や掃除をしなければならなかった。

　1930年代、1940年代のウェスト・テキサスの田舎で、小さな学校に通っていた昔の生徒たちは、学校存続のためにした生徒と教師の雑用を思い起こした。ベッシー・クリーブランドはプリーザント・バレーの学校について思い起こした。「先生たちは毎日火をおこさなければならなかったの。先生は男子が翌日用の十分な石炭と焚きつけを持参したか確認したものよ。」ジュアニータ・ヴィンソンはテキサス州カドーの北、一組の夫婦が運営していたオークグルーヴという母校を思い起こした。「奥さんが小さい子どもたちを教えて、旦那さんが校長で、高学年の子どもたちを教えてもいたの……（そして）地域住民も学校の建物を使っていて、マットレスを作っていたわ。」レオ・クレッグの当時の学校生活の思い出には、男子たちが教師たちにしたいたずらが多かった。男子たちは22口径の銃弾の薬きょうを持って行って、それらを紙で包んで、教室を温めているストーブのなかに入れた。「それから、やった奴は皆、本を読んで何でもないふりをしてた。すると、すぐに爆発が起こった。薬きょうが爆発したんだ……あるやつがひと箱まるごとストーブに落として。」

20 世紀

スロイド教育

　手工芸教育であるスロイド教育のシステムは、19世紀のフィンランドで、そしてスウェーデンでも人気となり、1955年に必修科目となった。それまでにはノルウェーやデンマークでも人気となっていた。「スロイド」という語はスウェーデン語の「Slöjd（訳注：クラフト）」に由来し、主に木工と織物の手仕事の分野を指している。

右：
オットー・サロモン（1849～1907）はスウェーデンにおけるスロイドの初期の主唱者。スウェーデンではスロイドは今でもカリキュラムの一部である。

OTTO SALOMON

スロイドアプローチ

　教育的スロイドが奨励している種類の手作業の訓練は、子どもたちの器用さと専門技能の向上を目標としている。手を使って役立つ物を作ることで子どもたちは技能を習得し、それは一般教育でも役立つ。それゆえ、スロイド教育は子どもたちに勤勉を教え、性格形成に寄与する。

　生徒たちはペーパー・クラフトからはじめる。これには、切る、貼る、折るが含まれるが、紙のスロイドは日本の折り紙細工と似ていなくもない。生徒がもっと難しい作業に移れると教師が判断したら、新しい技能へと進む。よく議論を呼ぶのだが、小さな子どもたちは木工スロイドをする際、ナイフと彫刻刀の使い方を教わる。教師はその子に適した課題を決める必要があるので、それぞれの生徒について教師が持つ知識は極めて重要である。カリキュラムにスロイドを含めるねらいは、徐々に難しくなる課題を仕上げることで、生徒たちの技能向上を認めることにある。今日、スロイドはスウェーデン、ノルウェー、デンマーク、フィンランドの学校のカリキュラムの一部となっている。

*オットー・サロモン（1849～1907）
　スウェーデンのイェテボリに生まれたオットー・サロモンは、教育的スロイドの初期の著名な主唱者で、教師が利用する教育学的アプローチを主張した。サロモンはスウェーデンのネースのスロイド・ティーチャーズ神学校長に任命される以前は、ストックホルム工科大学の学生であった。サロモンは、ネースでスロイド運動を世に広め、著書『学校でおこなうスロイド』（1888）に書いた。『スロイドの教師向けハンドブック』（1892）のなかで、異なった練習の教え方を説明し、生徒の姿勢や心構えと授業で用いる正しい材料についてアドバイスをした。この本は、指導者のための主要な訓練テキストとなった。

世界中のスロイド

　スロイド教育学の影響はほかの国々にもおよび、19世紀末にはフランス、スコットランド、アイルランドにおよんだ。多くのアイスランド人がスウェーデンのネースでのスロイド教師向けセミナー

に参加したことで教育的手工芸がアイスランドにもたらされ、スロイドが普及し、学校の教科として今も続いている。スウェーデンのスロイドはカール・ジロールのようなロシアの教育家の知るところとなり、彼はネースの学校を訪ね、帰国後、サンクトペテルブルク・ステート・ハイヤー・ティーチャー・セミナリーでスロイドを教えた。19世紀の終わりまでに、ロシアの12の教育区のうち、10区でスロイドは教えられていた。イタリアからも教師たちのグループがスウェーデンにスロイドを学ぶために派遣され、20世紀の初めまでにスロイドについての多数の書籍が出版された。スロイドはアメリカにも広まり、ノース・ベネット・ストリート・インダストリアル・スクール（今はノース・ベネット・ストリート・スクールとして知られている）付属のスロイド・ティーチャー・トレーニング・スクール・イン・ボストンがあった。

現代のフィンランドにおけるスロイド

2010年、フィンランド教育庁は、9年生のほかの教科と一緒にスロイドの学習効果を査定した。257人のスロイドの教師へのアンケートがおこなわれ、その結果、全般的に教師たちは教師中心の講義よりもむしろ学習者優先の作業形態で授業をおこなっていることがわかった。テクノロジー教育と一体の伝統的スロイドは、学徒たちの個人的かつ精神運動スキルを向上させる教育システムの基本となっている。

上：
スロイド教育学は木工と金工の技能を奨励した。

下：
木工工作の授業でナイフを使うことは広く普及しているとは言えないが、教育学では、生徒は道具の安全な用い方を学ぶべきだとされている。

20 世紀

教育についての社会調査の衝撃

20世紀初頭、社会・心理学者は教育の教授法に興味を示した。学習障害のある生徒への教育方式の改善を望む者もいれば、学校に通うことで、生徒たちの人生の可能性がより開ける教育環境作りを目標とする者もいた。

下：
アメリカの心理学者、G. スタンレー・ホール。

* G. スタンレー・ホール（1846～1924）と
セオダーテ・スミス（1860～1914）

G. スタンレー・ホールとセオダーテ・スミスというアメリカの心理学者は、子どもたちが授業に集中出来ず、やる気を失うことがよくあることを確認した。ホールとスミスは子どもたちの注意力持続時間の判断に取り組み、1907年に子ども中心の解決策が必要とする複雑な問題であるとの結論を出した。

* エリザベス E. ファレル（1870～1932）

特殊教育の開拓者エリザベス E. ファレルは、ニューヨークでアイルランド系移民の家庭に生まれ、キリスト教の修道女たちから教育を受けた。修道女たちの影響を受け、助けが必要な人びとのために働こうと決心した。オスウィーゴ教員養成訓練学校で教師の養成訓練を受け、ニューヨーク大学とコロンビア大学ティーチャーズ・カレッジでさらに研究を深めた。ファレルはニューヨーク

「自発的な注意力は最大限に意志力を働かせた結果、複雑に発達するものである……最良の教育手法は、子どもたちの関心を研究し、学校の日課を子どもたちに合わせて調整する必要がある。」

G. スタンレー・ホールとセオダーテ・スミス

の第1公立学校で教え始めたが、そこは「単式学級」で、異なる年齢や能力の生徒たちが一緒に授業を受けていた。1906年、ファレルは単式授業調査官と特殊教育の監督者となった。

1915年にファレルはティーチャーズ・カレッジでアメリカ最初の特殊教育のカリキュラムを発展させた。教育成果の劣る原因を特定するため、学校児童にテストをし始め、その調査内容をティーチャーズ・カレッジの学生たちを含む専門家たちと共有した。1922年に特別支援学校国際協議会の会長になり、10年後に62歳で死去した。ニューヨークの第116公立学校はファレルを記念してエリザベス・ファレル校と名付けられた。

「あらゆる子どもに学校教育を受ける機会があることはアメリカ人の自慢であるが、多くの子どもたちが……子どもたち自身にはなんの落ち度もないが……教育から何も得られていないのも確かである。単なる教育ではなく、正しい教育が私たちの自慢であるべきだ。」

エリザベス・ファレル

*ヘレン M. トッド

ヘレン M. トッドは教育者ではなかったが、非公式の調査を1909年に実施し、シカゴの若者たちが学校に通うよりも低賃金の仕事に就く理由を解明した。トッドは工場の検査官で、学校に通わなくなった500人の若年労働者を調査した。受け取った多くの回答のなかに次のようなものがあった。「学校で先生たちの言うことは全然理解出来ない。工場ではやるべきことをすぐに習える。」「親方は絶対にぶったり、顔をひっぱたいたり、耳を引っ張ったり、休憩時間に残らせたりしない。」非公式の調査が示したのは、都市の貧しい子どもたちが学校に通うことを楽しいとは思っておらず、屈辱的な経験と感じていることだった。社会学者たちによる調査とともに、トッドのこの調査は、教師たちや政策立案者たちが学校での子どもたちの経験を理解し、いかに教師たちが多様な生徒集団と一緒に活動するために技能と訓練を必要とするかの理解を深める助けとなった。

トッドの調査は、学校に通うべき年齢である十代の子どもたちが、低賃金の労働力の一部をなしているという事実も示していた。例えば、ほぼ10年後に明らかとなったが、ミシガン州では約7000人の男子が、500万ドルに相当するビートの刈り入れをしていた。義務教育法の制定の必要性は明らかだった。そして、義務教育は1920年までにあらゆる州で実施されることとなった。

*マリルーシー・ジャラミロ（1928〜）

二か国語／二文化併存教育の初期の主唱者であるマリルーシー・ジャラミロは、ラテン系の人びとへの教育を奨励した調査研究活動で国際的に知られている。ジャラミロはニューメキシコの低所得の家庭に生まれ、両親は子どもたちを「勉強、勉強、勉強」とせき立てた。学校では優秀で、（結婚して3人の子を持ってから）ついにはニューメキシコ・ハイランズ大学で学位を取得した。遠隔地の山の学校で教えていたが、その後、夜間大学で修士の学位を取得した。教師としての経験から、ジャラミロはラテン系の子どもたちが、二か国語／二文化併存教育を受けていないために不利益を被っている現状を見て、より詳しい調査研究活動に着手した。博士論文の調査研究は、学業成績の格差を減じるために、カリキュラムの根本的な改革が必要なことを明らかにした。

彼女は1960年代に広範囲に旅行し、ラテン系の人びとに必要なことと彼らの貢献を訴え、公民権運動に参加した。1977年、カーター大統領はジャラミロをホンジュラス大使に任命した。1980年、ジャラミロはワシントン D.C. に移り、アメリカ大陸間問題担当の次官代理となり、遠方まで旅をして社会問題について講演を続けた。そして、アメリカ大使に任命された最初のラテン系女性であることに対して、メキシコ系アメリカ人女性全国協会からプリメーラ賞を授与された。

20世紀

革新者と教職

下：
アイルランドの民族主義者、パトリック・ピアースはアイルランドの言語の擁護者であり、アイルランドの文化を振興するためダブリンに学校を設立した。

　20世紀初頭の教育の革新のなかには、学校に対してだけでなく教育思想にも影響を与え続けたものがあった。20世紀の流れのなかで、教育家たちは子どもたちと社会に必要なことに応えようと、学校を発展させる様々な方法を試みた。

＊パトリック・ピアース（1879～1916）
　アイルランドの民族主義者で教師だったパトリック・ピアースは、ダブリンのクリスチャン・ブラザーズ校とユニバーシティ・カレッジ・ダブリン（UCD）で教育を受けた。ピアースは法律家になったが、教えることと、アイルランド語が大好きだった。ダブリンのアレクサンドラ・カレッジでアイルランド語を教え、UCDではアイルランド語で講義を行った。そして、ゲール語を奨励するゲール語連盟の積極的なメンバーだった。彼の教育哲学は『殺人機械』などの著作と、設立した学校で表現されている。

　ピアースはアイルランドの子どもたちが受けていた教育に極めて批判的だった。その教育はイギリスの干渉により貧弱なものになっていて、アイルランドの言語、文化、歴史は教室から抹消されていた。ピアースは『殺人機械』で、イギリス支配下のアイルランドの教育を手厳しく批判した。

　「アイルランドには教育制度がない。イギリス人は偽の教育制度を成立させたが、その目的は、教育制度の目的とはまったく反対のものである。教育とは育てるものだが、この教育は飼いならすことになっている。教育とはひらめきを与えるものだが、この教育はやる気をそぐことになっている。教育とは心身を強健にするものだが、この教育は無気力にさせることになっている。イギリス人はあまりにずる賢い民族なので、アイルランド人にいかなる意味でも良い教育を施すことは出来ない。」

革新者と教職

ピアースはアイルランド語で教えることを促進するために、ダブリン郊外のラネラーにセント・エンダズ・スクールという二か国語の男子校を設立した。ピアースは生徒たちをアイルランド語がまだ話されている地域に遠足に連れて行き、自分の責任で、アイルランド文学や文化を愛する心を涵養した。ピアースはセント・イタズ・スクールという女子高の設立にも関わった。

ピアースは詩と散文を書き、政治パンフレットの作者として有名だった。ピアースは1916年のイースター蜂起の代弁者であり、同年のイースターの月曜日に郵政省の外でアイルランド共和国宣言を読み上げたのは彼だった。蜂起後、直ちに軍法会議にかけられ、銃殺隊によって処刑された。

＊ラビンドラナート・タゴール（1861〜1941）
　20世紀のインドの教育理念は、アジアで最初のノーベル賞受賞者のラビンドラナート・タゴールの影響を受けていた。タゴールは、カリキュラムはその人の環境を反映して有機的に浮かび上がるべきものと信じていた。成長する要素として知性と美は同様に重要だった。生徒たちは歴史を学ぶべきだが、それは戦争での勝者を知るためではなく、宗教的、社会的障壁をどう破壊するかを理解するためだ。タゴールは1901年に西ベンガル地方のサンティニケタンに小さな学校を設立し（その後、ヴィシュヴァ＝バーラティ大学となった）、この教育活動に人生の残りをささげた。そこで、それまでの教育とは別の教育モデルを作り出そうとしたが、それは、知性の発達と並行して人間性を育てる教育モデルであった。教師たちと生徒たちは社会活動と共同活動の促進に関わった。

左：
インドの作家
ラビンドラナート・タゴール。1901年に西ベンガル地方に学校を設立。社会的および知的発達に焦点を当てた教育モデルを奨励した。

20 世紀

＊A.S. ニール（1883 〜 1973）

　アレクサンダー・サザーランド・ニールはスコットランド人の教師、教育哲学者であり、その考え方はニールが設立したサマーヒルという学校に表れていた。ニールはエジンバラで学校教育を受けたが、両親からも教わった。ニールの父親は当時の多くのスコッツ・ドミニー（訳注：スコットランド人の教師を指す語）のように、極めて厳しい人だった。このことは、ニールが後年、サマーヒルを子どもたちが教師を怖がらない幸せな場所にすべきとの決意に影響を与えたかもしれない。ニールはできの悪い生徒だった。しかし、父親がニールを教師見習い、つまり代用教員としたので、ニールは結局、教員養成カレッジへと行き、それからエジンバラ大学へと進み、大学ではイギリス文学を専攻した。第一次世界大戦の勃発で、ニールは陸軍士官となった。戦後、教育の道に戻り、ドイツのドレスデンのプログレッシブ・スクールで教えた。1924 年にイギリスにもどり、妻のマーガレットと共にサマーヒル寄宿学校を設立した。マーガレットは生涯にわたってニールを支えた。ニールの教育哲学の根本は、「幸せであることが一番重要なこと」という信念にあった。ニールが設立した学校では、権威主義は避けられ、自主自立が奨励された。生徒たちは毎週のコミュニティ・ミーティングで、学校全体のコミュニティに影響を及ぼす決定を行った。生徒たちの自主性を尊重して、授業への出席を強制しなかった。むしろ、好きなときに、授業に出席した。学校では、外部と学生たちからの批判がなくはなかった。元生徒の一部に、あまり授業には出なかったと言う者や、きちんと読みを習わなかったと言う者もいた。進学向きのしっかりした教育でなかったので、大学に行けなかったと後で言う者もいた。元生徒の一部の人は、民主主義の本当の意味を教わった上に、学校生活を楽しませてくれたとサマーヒルを称賛した。

　ニールは『サマーヒル：子どもたちの育成への根本的なアプローチ』（1960）など 20 冊の著作を著した。学校はニールの娘のゾエ・ニール・リードヘッドのリーダーシップの下で、今日も続いている。

右：
ゾエ・ニール・リードヘッド校長。サマーヒル学校にて。イギリス。1999 年。リードヘッドは学校の設立者 A.S. ニールの娘。

革新者と教職

「感情が自由であれば、知性は自ら働く。」

A.S. ニール

上：
教育哲学者、A.S. ニール。教育についての自身の進歩的な見解を実践するために設立した学校であるサマーヒルにて。

20世紀

教育と変化

　20世紀後半になると、教育活動と教師たちの仕事に急速な変化が現れた。「最良の近代的方法」を見つけ出そうとする時代の流れを教育者たちは実感して、学校建築のデザインから教授法まであらゆるものが見直された。

111ページ：
リンドン B. ジョンソン大統領と彼の最初の先生、ケイト・デッドリッチ・ロニー。初等・中等教育法に署名する際に。テキサス州。1965年。

下：
1960年代以後のテクノロジーの教室への衝撃。ここでは教師が授業でオープンリール式テープレコーダーを使っている。

アメリカでの発展

　1960年代、1970年代のアメリカでは、教師たちの努力で、生徒たちのテストの点は上昇傾向にあったが、彼らが教えた生徒たちは、たいてい驚くほど新しそうな文化の基準点を持っていた。ビートルズ狂、ロック音楽、テレビ人気が、若者の世界との関わりかたに影響を与えた。1960年代に導入された近代的教育のノウハウには、教室での授業の補助にテレビを役立てることも含まれた。教師たちも、語学や文学、音楽を教えるために、スライド、映写機、レコードプレーヤー、カセットレコーダーなどを用いた。

　ジョン・デューイ（73ページ参照）やマリア・モンテッソーリ（94ページ）などの理論家の影響で、オープンスペースと大きな窓、持ち運べる家具を用いた学校がますます多く建てられた。デューイとモンテッソーリが提唱した経験学習では、教室の設計への、より柔軟なアプローチが求められた。多くの学校では机は整列していたけれども、1971年のニューヨーク・タイムズ・マガジンでは、20世紀の教室の変化の特集が組まれていた。いまや小学校の教師たちは、小さくグループ分けされた子どもたちの間を動き回り、子どもたちと同じ高さで座り、ボキャブラリーカードを使って授業をする。そして、諸活動に合わせて、テーブルを別の配置にする。中等学校の教師たちは、教室の前方から事実を述べるよりむしろ、実験室での作業や遠足、教室での諸活動を生徒たちにさせている。

　受動的な学習より積極的な学習に強い関心が集まり、生徒の側に自主学習の重要性への理解が高まった。教師たちは時間は考えずに従来の企画と管理業務を続けた。

　「私は学年末の計画を立てている。机の引き出しのなかをからにしたい。古原稿とワークシートをファイルキャビネットに整理したい。未使用品を処分したい。10年分のゴミを整理したい……。

「われわれの学校制度の三つの"R"（読み書き計算 Reading, wRiting, aRithmetic）は三つの"T"に支えられねばならない。それは、優れた教師たち（Teachers）、近代的な教育のテクニック（Techniques）、そして教育についての思索（Thinking）で、教育は私たちすべての計画と願いの第一歩だ。」

リンドンB.ジョンソン大統領　1965年

20 世紀

上:
オープンプランの教室。イブライン・レーベ小学校、ロンドン、イギリス。
1960 年代以降、近代的な学校では、生徒たちは個々の机を列に並べて座るよりも、テーブルでグループになって座る。

私は保護者たちへの最後のニューズレターを書いた。私と生徒たちの今年の行事の概要を述べようとして、夏休み中の諸活動の提案を書いておいた……。私は古い砂箱を教師センターへ運んだが、この夏中に修理するつもりだ。錆びを取り、新しい底板と内張りにして、ポリウレタンで密封する必要がある。」
引用　リン・ストリーブ『(フィラデルフィア)ティーチャーズ・ジャーナル』(1985)

*メイシー K. サウスオール (1895〜1992)

　メイシー・キャサリン・サウスオールの教師歴はふたつの世界大戦をまたいで、50年以上におよぶ。その教師生活には大きな変化があり、教育研究分野の成長にともない決まりどおりの学習をする厳格な教室から、子ども中心の教室へ変わった。

　テネシー州で生まれたサウスオールは親戚の農場で育った。幼い時から読書や本に興味を示し、19〜20世紀へ替わる時期は、ほかの多くの子どもたちと同様に、教師がひとりの小さな学校に通った。彼女は1911年にジョージア州のコーヒー郡の一教室型学校の教師となった。仕事への熱中ぶりは並外れていて、学校の運営だけでなく、学校から派生したコミュニティもまとめた。寄付を募るイベントを開催し、本を買うために卵を売り、教室の内外でクラスを指導し、生徒たちに花を植えさせたり、校庭に野菜も植えた。

　サウスオールは、自分はもっと勉強する必要があると考え、1918年にナッシュビルのジョージ・ピーボディ・カレッジ・フォー・ティーチャーズに入学した。1920年に卒業し、ノースカロライナ州のローリーで州の教育行政官になった。ノースカロライナ州では可能な限りの幅広いテーマを学校で実践した試練の時でもあったが、それによりテストの規格化や子ども中心の教育などの新しい分野の展開があった。独自の研究も続け、1929年にジョージ・ピーボディ・カレッジ・フォー・ティーチャーズで博士号を取得した。この資格を持つ数少ない女性のひとりであり、ピーボディ・

上：
アメリカの優れた教育者、メイシー・サウスオール。年少者の非行についての公聴会にて。1955年。

カレッジの教育学の教授に迎えられた。このカレッジでの職歴は35年に及び、その間、初等教育に関する学術的研究の中心的存在となった。児童教育に関する夏季研究会を運営し、調査研究と教授法は、中国、韓国、ブラジル、日本、ドイツなどの地域からの学生を魅了した。学生への要求は厳しかったが、実に寛大で、学生たちを激励した。

　1943年、サウスオールは全米教育協会の教育政策委員に選ばれ、青少年に関する三つの主要な会議のためにホワイトハウスに出向いた。サウスオールの教育者として秀でたところは、学校管理などの教員教育課程に関する知識や、総合教育と異文化間教育を推進する能力などが挙げられる。

20 世紀

上：
ドイツのボンにあるドナトゥス小学校で 2012 年に 4 年生のクラスを指導するこの教師は、最低 3 年の大学教育を受けることになっている。

世界の教育

　カナダでは 19 世紀後半にモデルスクールが試みられ、新米教師が 5 〜 18 歳の児童生徒たちを教えて教職について学んだ。この訓練制度は辺鄙な地方以外は、20 世紀にはほとんどおこなわれなくなった。「師範学校」が多く作られ、そこで教育実習生は指導の指針や手法を学び、それを教室で実践した。20 世紀、教員養成は大学の役割となり、教育学部がそのカリキュラムを準備した。教師は通常は小学校、中学校、高等学校に専門が分かれ、ほかには、音楽教育や体育教育のような教科が専門化されている。カナダの教育はカナダの繁栄に寄与し、教育には広く十分な資金が供給されている。

ドイツの教育

　ドイツもまた教育制度の恩恵を受けてきたのだが、その教員養成システムは保守的との批判を受けてきた。教師養成の新基準は 1990 年に作られた。公立の小学校と中等学校全般の教師になりたい者は、3 〜 4 年の大学教育が必要とされる。ドイツの中等学校は、ハウプトシューレ（基幹学校）、レアルシューレ（実科学校）、ギムナジウムなどの名称で知られている。ハウプトシューレは、すべての生徒に基礎教育をおこなう。一方、より学問的なレアルシューレやギムナジウムに通いたい生徒は、成績が優秀でなければならない。16 歳か 17 歳になると、レアルシューレの生徒たちは職業見習いになるかギムナジウムに進学する。ギムナジウムは大学教育へ進む生徒を対象に教育する。学校のカリキュラムと教科書は州の認可を

114

右：
香港の小学校で生徒と一緒にいる現代的な教師。

受けなければならず、教師のなかには、これが学校改革への余地を狭めていると感じる者もいる。ほかの国と同様に、教職は男性よりも女性に希望者が多いが、ますます責任は増している。

香港の教育とその変化

香港は20世紀の後半に教職が急激に変化した国の一例である。香港大学のヒューバート・O.ブラウンは『香港の学校教育』で次のように述べた。「それほど昔のことではないが……教師は安定した、政府の補助金を受けた仕事で、業務上の要求も少なく、失業のリスクも小さい職業だったが、教師たちは個人的な挑戦もまずしなかった。……つまり、中国のことわざを使えば、教職は『鉄の茶碗（訳注：社会風刺的に用いることばで、安定した仕事を指す）』であった。しかし、現在、その「茶碗」は消えてしまい、教師たちは学校経営とカリキュラムの向上に課題と責任を抱えているが、個人的な出世の機会もある。

教職はこうして大学卒業生の魅力的な職業の選択肢となり、1986～96年の香港大学のどの卒業年度でも18％以上の卒業生が教師になる結果となった。無職の家庭出身者にとっては、教師は社会階級の向上を意味し、教師は高い満足が得られる仕事である。教職は比較的歴史の浅い職業で、大多数を占める小学校、中学校の教師は専門の訓練を受けてきた。香港の教育の課題は、従順さや権威に対する伝統的な中国人の敬意と、現在の学習と生活への創造的で革新的なアプローチの必要性との間で緊迫した状態にある。

教師たちは教職という比較的重労働をこなし、正課に並行した諸活動の指導という追加業務もある。幼稚園から大学までの全教師のおおよそ90％は、香港教職員組合員で、組合は教師たちの研修会をおこなったり、多くの連携事業を運営している。

20世紀

教員教育と養成訓練

教育の科学的研究への関心から、多くの学校に教育学部と教授職が生まれた。教員養成カレッジも教員の専門教育を開始した。

アメリカでの教員教育

ヨーロッパでは1909年に、ユニバーシティ・カレッジ・ダブリンに教育学の教授職が置かれ、ハーバード大学は教育学大学院を1920年に設立した。裕福な慈善家のグレース・ホードレー・ドッジ（1856〜1914）と教育家のニコラス・マレー・バトラー（1862〜1947）によって、貧しい人びとに教える教師のために、教員養成学校が1887年にニューヨークに設立された。この学校はアメリカにおける教員教育と教育の科学的研究のための青写真を提示し、1898年にコロンビア大学の姉妹校となった。ティーチャーズ・カレッジと改称し、学生たちは「経験学習」の提唱者のジョン・デューイ（73ページ参照）の教授法の恩恵を受けた。そして、教育心理学の分野がエドワード・ソーンダイク（1874〜1949）の影響の下で発展した。ソーンダイクは、ロシアの心理学者イワン・パブロフ（1849〜1936）と共に、行動と人間学習の理論を発展させるために、動物のモデルを用いた。

1929年、ティーチャーズ・カレッジの教育学教授だったジョージS.カウンツは、教育の分野の20世紀における進歩を予測した。彼の予測は正しかった。

「2000年に、歴史家がわれわれの今生きている時代のことを書いたら、どんなものになるかと私はよく考えるが、われわれの世代の様々な教育の

左：
エドワード・リー・ソーンダイク。ニューヨークにあるコロンビア大学ティーチャーズ・カレッジで教育心理学の分野の発展に尽くし、功績を残した。

右：
ラッセル・ホール、19世紀後半の建造物。ニューヨークのコロンビア大学ティーチャーズ・カレッジ。街路を挟んで公園側の門越しに撮影。

20 世紀

上：
イギリス王ジョージ5世のメアリー妃。イギリスのロンドンにあるフレーベル・インスティテュートを訪問。1923年2月。

傾向をどう称賛してくれるだろうか。教育の機会の途方もない拡大、教育制度の構造的再編成、カリキュラム作成へのほぼ世界的な関心、高等教育プログラムの多角化、いわゆる進歩的な教育運動、ティーチャーズ・カレッジの発展、教育費の大幅増加、教育の科学的研究への幅広い関心、われわれの学校やカレッジのしくみと手順の急激な変化などについて、何か述べることは間違いない。まさに有利な視点から、教育の成果によって、今、教育的な意識をゆり動かしている巨大で連続した傾向や運動を評価するだろう。」

イギリスでの教員養成

イギリスでは20世紀に古い教員見習い制が正式な教員養成へと替わり、いっそう厳格になった。教員になりたい人びとは、教員養成カレッジに通うか、大学卒業者を養成する大学の教員養成学部に行った。

教員養成カレッジには特定の手法に特化したものや、独特の価値観を持つものがあった。例えば、フレーベル（72ページ参照）の教育手法の訓練は、ロンドンのフレーベル教育機関で3年間実施された。そして、有名なカトリック系教員養成カレッジは、ロンドンのローハンプトンの聖心会によっ

118

教員教育と養成訓練

て設立された。これは、20世紀初頭にロンドン西部のノースケンジントンに移転したが、マリア・モンテッソーリなどのカレッジの講師たちが優れていた。このカレッジは、1946年、設立の地のローハンプトンに戻り、その発展に尽力をしたふたりの修道女にちなんでディックビー・スチュアート・カレッジと名付けられた。

1970年代には、民間の教員養成校は閉鎖の危機にさらされ、ディックビー・スチュアート・カレッジは他校と合併し、フレーベル校も加えて、ローハンプトン高等教育機関を組織化した。2004年にローハンプトン大学となった。

「教師は自分に『教える天賦の才』があると信じている。つまり、人が芸術作品や建築物などを創りだす抑えきれない力と同じ衝動が教師たちを駆り立てている。」

A. バートレット・ジアマッティ

下：
教員養成訓練生のための科学の授業。ディグビー・スチュアート・カレッジ、イギリス、ローハンプトン。

20 世紀

121 ページ：
プロパガンダのポスターに
は、プロウ（訳注：鋤に似
た道具）を押している女子
学生が描かれ、男子学生に
「さあ、入隊するのだ……」
と求めている。

試練の時代──戦争と恐慌

　第一次・第二次世界大戦と大恐慌の間、教師たちは学校で働くだけでなく、
多くの余分な責任を引き受けた。給料を減らされながら、生徒たちに食事を与
え、援助する者もいた。ふたつの世界大戦の間、多くは徴兵されるか志願した
が、退役して教室に戻る者もいた。

「現在の戦争はヨーロッパ史
専攻のアメリカの教師たちに
特異な機会をもたらし、同時
に多大な責任を課した……。」

全米歴史奉仕委員会

下：
教師が技術の授業でツェッ
ペリン飛行船が投下する焼
夷弾の作られ方を教えてい
る。イギリス、ブラッド
フォード。1916 年。

　教師たちと生徒たちは自国の戦争参加を支持し
て多くの役割を果たした。学校の調理室で食糧を
準備し、缶詰にして、最前線で戦う兵士たちの食
糧として出荷した。一方、教師は裁縫グループを
まとめ、そこの生徒は外科の手当て用品や衣服や
包帯カバーを作った。校庭は野菜を育てるために
使われた。アメリカ校庭軍の 150 万人の学童は農
作物を育て、家庭菜園運動の促進を助けた。

　男性教師は署名して海外での軍務に就き、その
結果、退職教師たちが元の職場に戻って働くこと
が奨励された。戦争前は既婚の女性教師を雇うの
を拒んでいた地域は方針を変え、既婚の女性教師
たちの職場復帰を喜んで迎えた。

　イギリスでは、学校の教師たちは戦争中に子ど
もたちに役に立つ技能を指導したり、子どもたち
が元気に健康でいるよう教えるために、特に重要
な役割があると見なされていた。

　「現在の戦争はヨーロッパ史専攻のアメリカの教
師たちに特異な機会をもたらし、同時に多大な責
任を課した。教師たちの教える内容は今まで以上
にアメリカにとって必要不可欠である。主題を適
正に選び、強調することにより、生徒たちが現状と、
ひいてはアメリカの参戦理由をよりよく理解するよ
うに、教師たちは生徒たちを指導出来る。つまり、
生徒を通じて、多くの親たちにも教師の指導内容
が届くし、教え方が健全であれば、指導内容は国
の政治的発展に効果的な要因となるだろう。」
（全米歴史奉仕委員会　1917 年）

20 世紀

上：
フランスの子どもたちは、爆弾で破損した建物のなかで学習を続けた。フランス、セーヌ＝マリティーム県、パーシーにて。

　大英帝国の一員として、カナダは 1914 年 8 月から参戦した。戦争前、140 万人のカナダの学童たちは、大英帝国の栄光を称える文学や歴史の教材を学んでいた。けれども、この見解は、皆に受け入れられているわけではなかった。しかしながら、第一次世界大戦の勃発にともない、教師たちは総じて、市民と兵は同盟国の戦争遂行を支えるべきという広く行き渡った見解を支持した。学校では、教師と協力した生徒たちは称賛され、尊敬された。

　戦争関連の教材は、同盟の理念の立場を支持するために作られた。生徒たちはイギリス議会のエドワード・パロット卿の『子どもたちの戦争の話』を読んだ。また、戦争の技術的、戦術的要素を学習し、スクラップブックを飛行船や飛行機、兵士、戦車などの写真で埋め尽くした。作文の授業では、「カナダと戦争」について書かされたが、このテーマのエッセイ・コンテストには女性たちの慈善団体である大英帝国婦人同盟が出資した。

　しかしながら、歴史家のクリスティン・アレキサンダーが言及しているように、自分たちの生徒が、愛国教育は憎悪を称えることだと考えないかと心配する教師もいた。

試練の時代──戦争と恐慌

1916年、カナダのハミルトンの教師ヘレナ・ブッカーは教師向け雑誌『学校』に、子どもたちの心に憎しみを刻み込む活動の危険性について書いた。

「私たちは、こんな幼い子どもたちに不幸なテーマを持ち込むことなど、大いに不本意である……もし私たち教師が戦争について話すなら、敵国への憎しみではなく、愛国心、私たちの国を愛することだけ、つまり、否定的でなく、肯定的なことを目的とした話にしよう。」

ニュージーランドは、「王と国と帝国」を支持するために、10万の兵力をヨーロッパに送った。その間、教師たちは生徒たちへの期待が何であろうと、生徒たちに元気で健康に、準備万端の態勢をとらせなければならなかった。男子は、銃の撃ち方と行進を教えられた。男女全員で体操をし、募金活動をし、暖かなマフラーや靴下を編み、兵士に手紙を書いて、軍隊を支える活動に参加した。

イギリスでは、士官見習い活動や、体操、募金活動、編み物、兵士への手紙を書くことなども学校の戦時体制の一部であった。

ドイツでは、教師と生徒も戦争遂行の支援が求められた。一方、ヨーロッパの占領地では、爆撃や生徒のすぐ近くでの戦闘から逃れて疎開した結果に教師たちは対処しなければならなかった。

下：
ニュージーランド、テ・アロハ公立学校の子どもたちが兵士用のハンカチの縁を縫っている。
1916年6月。

20世紀

上：
ファーストレディのエレノア・ルーズベルトがニューヨーク州のヴァサー・カレッジの保育学校を訪ね、子どもたちに牛乳を配っている。1933年。

アメリカの大恐慌

「真っ暗で、一教室型校舎の零下40度の温度をなんとかしようとストーブに火を入れる……8時30分、ベルを鳴らし、ガスランプをともす。ほとんどの子どもたちは登校して着席しているが、学校は9時まで始まらない。国旗に敬礼して、授業開始だが、教室はまだ零下10度……メロディに乗った豊かな声があがり、濃霧が教室にあがっている。凍った机の上は霜で白い。歌いながら、子どもたちはインク瓶をつかみ、それに息を吹きかけたり、歌ったりと交互にしている。インク瓶を見る。十分にインクが解けたら、ペン習字の授業を始める。」
エドワードL.キーサーン、公立学校の校長、アラスカ州ケール。1932年2月。

　1929年秋にウォール街の株式市場が暴落し、アメリカは大恐慌の時代に突入した。当初、学校は困難な時代をなんとかしのいでいたようで、1930年と1931年の入学者数は増えた。大恐慌以前は、青少年の25％しか高校に行かなかったが、1930年代には雇用の機会がなくなり、学校の出席者は倍増した。しかし、学校は困窮していた。教育予算が削られ、学校が閉鎖され、教師たちは余剰となった。例えば、シカゴでは、給与支払い費用を削減しようとの教育委員会の試みにより、小学校校長の半分が職を失った。それでも、何千人もの生徒たちに食事を与えようと教師たちが結集したのはシカゴだった。1931年4月8日のニューヨーク・タイムズに、次のような記事が掲載された。「飢えた子どもたちに無料の昼食を配るために、多くの学校の校長と教師たちが、数か月間給与からお金を出していたようだ。……一方、（シカゴ）教育委員会は、教師たちの給与と教育目的の資金を使い切ってしまったと公表した。」

　田舎の学校は大恐慌の間、特にひどい状態であった。田舎の学校の校舎は前々から実に貧弱であり、生徒たちの無断欠席率は最高値を示していて、教師たちはたいてい極めて安い給与であった。何千もの田舎の学校が閉鎖された。アラバマ州の公立学校の85％が1933年までに閉鎖され、結果として教師たちが職を失うなど、ひどく影響を受けた州もあった。

　大恐慌の間も、仕事を探し続けた教師たちにとって、状況は悪化した。アメリカ中で、教科書

試練の時代──戦争と恐慌

の売り上げは急落し、教師たちは時代遅れの擦り切れ本で仕事をしなければならなかった。

「ええ、この小さな少年は椅子から転げ落ちたのです。ちょうどこんな具合に椅子から転げ落ちたのです。私は、『床から立って、今すぐ椅子に戻りなさい』と言いました。そして、少年はそうしました。その子は自分の椅子に戻り、それからまた転げ落ちたのです。私が三語も話さないうちに、その子はまた崩れるように倒れこみました。そこで、私は、ドアまで歩いていき、その子に外に出るように身ぶりで示しました。その子が立ちあがって、出てきました。私は『ルディ、朝食に何を食べてきた?』と言いました。その子は『何も食べてません』と言いました。私は『夕食は何を食べた?』と言いました。その子は『豆を少しだけ食べましたが、十分ではなく、たくさんの豆は食べていません。』と言いました。お腹の空いた子どもに教えることはできないのです。」
(イナ・ディンガス・コーワンへのインタビュー ルーサー・ブライアン・クレッグ著『空っぽの教室：テキサスの一教室型学校の記憶』)

天候が厳しい時、子どもたちと教師たちはまったく学校に行けないことがよくあった。またある時は、大人たちが何年も前に受けそびれた授業を受け直すために、時折学校に姿を見せたりした。生徒たちは、農作業の手伝いや小さな子どもの世話のために学校から連れ出された。作家のL.B.クレッグとのインタビューのオーラル・ヒストリー(『空っぽの教室』)では、A.B.ランプキンが1930年代に学校に通ったことを思い起こして語っている。

「私はアンソンで、その頃『カラード・スクール(有色人種の学校)』と呼ばれた学校に通っていました。それは教室がふたつありました。片側が高校で、もう片方が小学校でした……私たちの学校はほかの学校とちょっと違っていました。黒人学校はクリスマスの頃まで始まらないのです。綿花の収穫が終わるまで学校は閉鎖されているからです。何かを成し遂げるにはどうすればいいか、わかりません。」

1933年にフランクリン・ルーズベルトが大統領に選ばれた時、経済を統制し、雇用を創出するための対策には、失業中の青少年を対象とし、教師たちの仕事を利用することがあった。エレノア・ルーズベルトが夫に大統領令で創るように働きかけて、1935年に設立された全米青少年管理局(NYA)が成功するためには、教師たちが極めて重要であった。NYAは青少年に仕事の見返りとして学校に留まるよう、学資援助をおこなった。教師たちは、失

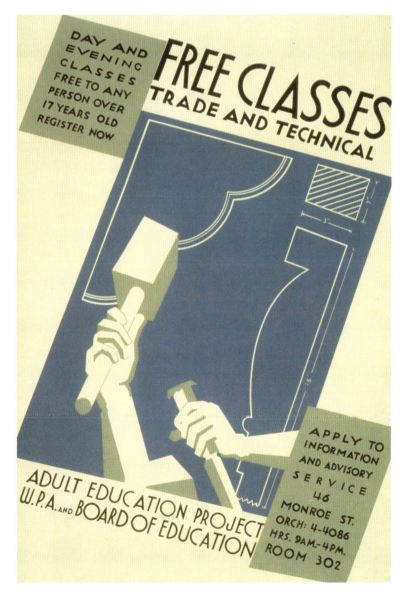

下：
1930年代、公共事業推進局(WPA)と教育委員会が提供した成人教育企画、商業と工業に関する無料授業(昼間のクラスと夜間のクラス)のポスター。

125

20 世紀

上：
子どもたちがしばしば栄養不良であった時代、体育は重要視された。学校で体操がおこなわれている。1930年代のニュージーランド。

業中の若い人びとに職業訓練と技能を提供し、白人、黒人、アメリカ先住民の男女を援助した。公共事業推進局（WPA）のメンバーの教師たちは、金属加工職や石工職や事務職、在宅看護、保育などのコースといっしょに学校教育の教科も教えた。

WPAの教師たちは成人も教育した。例えば1937年のニューヨーク市では、約7万人の成人がWPAに雇われた教師たちから教育を受けた。隣保会館、教会、公立学校、民家などを使って職業教育と学校教育の教科の授業がおこなわれた。1933～38年にかけて、WPAの教師たちは、約100万人の成人に読み方を教えた。

1934年にサウスウェストでの深刻な干ばつの被害にあった人びとの援助でも、教師たちはとても重要であった。降水不足と吹き荒れる砂塵嵐でテキサス州、カンザス州、コロラド州などの大草原地帯は、「黄塵地帯」として知られるようになり、「不潔な30年代」とも呼ばれた。約20万人が仕事と新生活を求めてカリフォルニア州に移住し、道路沿いに一時仮住まいした。教師たちは自費で、移住してきて学校に通う子どもたちに食事を与え、出席にむらがあろうと、子どもたちに学校の教科を教えようとした。

＊ニュージーランドでの世界恐慌下の学校教育

ニュージーランドでは20世紀の初め、女性が小学校教員の大半を占め、中学校で約40％であった。しかし、教員養成カレッジと学校と大学の教育学部の上級職の多くは男性だった。男性は女性よりも給料が高かった。——1929年、女性教員たちの平均年収は、男性教員よりも40％ほど少なかった。女性教員たちは安い労働力であったが、それ

試練の時代──戦争と恐慌

でも、世界恐慌がニュージーランドを襲った時、女性教員たちが先に解雇された。

「マリッジ・バー（結婚障壁）」がおこなわれたのは、1921年に経済危機の発生したイギリスであった。ニュージーランドでは、自身の収入で生計を立てていない既婚女性教員を解雇する権限が教育委員会に与えられていたため、マリッジ・バーが適用された。経済措置として、教員養成カレッジが一時閉鎖された。再開されると、女性たちは教員養成訓練に戻れ、第二次大戦中は、女性たちは代用教員の職についた。

ドロシー・カーキークはウェリントン・トレーニング・カレッジで教員養成訓練を受け、1920年代にロングエイカー・バレーにある学校の唯一の教員職を得た。結婚して教職を離れたが、その後、代用教員の職を得た。ドロシーは自分の躾をとても厳しいと評した。「……私の家族は極貧だった」と述べ、このことが貧しい子どもたちに教える準備となったと信じていた。「貧乏は、教師にはよかったと思えた。どこに赴いても、いつもみすぼらしい子どもたちに教えるが、文無しで何もないことを理解できるから、気にしないでいられる。」

ニュージーランドの教師たちは世界恐慌の時、わずかな収入で暮らしたことを思い起こした。教師たちはほかの町に教えに行くのにも、どこへでも歩いて行き、自分たちの家の農場で採れた食べ物を持って行った。代用教員で場所を転々とする教師たちが、地方の人たちの家に下宿し、よく寝室を共有させてもらったのは、それが最も安い宿泊の形態だったからだ。

＊イギリスの世界恐慌下の教育

1929年にアメリカの株式市場が暴落した時、イギリスは第一次世界大戦の影響による出費で苦しんでいた。世界恐慌のイギリスへの衝撃は深刻で、輸出の急落、失業率の上昇、ポンド安となった。イングランド北部とウェールズの工業地域は特にひどかった。ロンドンと中部地域では、建設業と自動車産業や飛行機産業の成長で仕事があったので、人びとはどうにかやっていけた。

1918年、義務教育を終える最低年齢が14歳に設定され、子どもたちは小学校かグラマースクールに通った。裕福な上流階級は子どもたちをイートンやハーロウなどの有料の有名パブリックスクールに通わせ、中流と上位中流階級の家庭は、小説『チップス先生、さようなら』（132ページ参照）に出てくる1930年代に目立った小さめの有料学校を好んだ。このような制度の下で、子どもたちはやや安定した学校生活を楽しんでいたが、それも第二次世界大戦の勃発とともに終了した。

左：
イギリスのエリート学校にて。このハーロウ校に通うような生徒たちは、ほかの子どもたちが経験するような欠乏から守られていた。しかしながら、ウォール街の大暴落の後、財産を失った数多くの家族は、有名パブリックスクールから子息たちを退学させなければならなかった。

20世紀

129ページ：
第二次大戦中に教職を女性の戦時労働として奨励したアメリカのポスター。

第二次世界大戦：勝利のための教師たち

1941年に戦争が始まったとき、世界中の教師と生徒は、再度、戦争で生き残ろうとした。実戦に参加していない者は、戦争遂行をよく支援した。

＊アメリカの教師たちの経験

アメリカでは、学校は若い人たちが非常事態に対処する準備に役立てられた。最西端の学校は、日本の爆撃を受けやすいと見なされ、生徒たちは避難の準備をさせられた。1942年2月までハワイでは学校が閉鎖され、再開時には子どもたちにガスマスクが配布された。

教師たちは、戦争中、学校教育以上のことをおこなった。配給といった事柄で子どもたちを指導するのに関わった。ラジオ受信機用のモールス信号や手旗信号を教える教師もいた。学校は戦争債券の売り出しや、軍用品の製作、クズ鉄集めなどの銃後の支援活動に参加するようになった。

高校は戦時需要に適う授業をおこなうようになり、爆薬、浄水、栄養学、地図読解、応急処置および航海術の授業がおこなわれた。1942年、徴兵召集の適格年齢が21歳から18歳に引き下げられた時、教師たちは生徒たちが早く卒業出来るようにプログラムの進行を早める圧力に応えようとした。授業時間が延長され、夏のプログラムを追加する学校もあった。学校での学問的な活動はすべて戦争遂行支援の更なる必要性に対して実施された。例えば、シカゴの公立学校の教師たちと生徒たちは、1942年に戦争遂行のために150万ポンドのクズ鉄を集めた。

1942年に始まった日系アメリカ人の「強制収容」の一環として設置された捕虜収容所で働いたアメリカ人教師もいた。そのような教師たちの多くは、避難してきた日系アメリカ人の大卒者で、低賃金で働いた。彼らは、カリフォルニア西部のマンザナール強制収容所のような施設に収容された日系アメリカ人の子ども約3万人の教育を手伝った。戦争強制収容局の報告によると、訓練された教師の必要な人数を割り当てられた強制収容所はなかった。学校は設備が整わず、机や椅子がないこともあった。

「私たち教師は、自分たちの仕事の重要性を認識しなくてはならない。私たちはこの国の戦争遂行に全面協力するし、教師としての仕事を誠意と愛国的熱意を持っておこなわなければならない。」

モード・フロシンガム＝ロビー
シェパード小学校校長、ワシントンD.C.、1943年1月。

左：
女性のための航空学の授業。ロサンゼルスのワシントン高校にて。カリフォルニア州。1942年。

20 世紀

上：
生徒にガスマスクの着け方を教えるイギリスの学校の教師。1940 年。

*イギリスの教師たちの経験

イギリスの学校は戦争中、爆撃のためだけでなく、ロンドンやマンチェスターのような猛爆が予想される都会から子どもたちを疎開させる必要があったため、ひどく混乱していた。子どもたちの疎開計画は、ハーメルンの笛吹き作戦として知られていた。学校は、学童たちが集まってガスマスクと首にかける身分証明書の受け取りなどの疎開行程の調整をする中心となった。教師たちは、戦争遂行のこの仕事を調整する役割を与えられ、親たちにガイドラインを準備して、子どもたちの荷物に入れるものを指示し、爆撃の危険の少なそうな場所へ連れて行く列車やバスに子どもたちのグループを引率した。子どもたちのなかには、カナダのような大英帝国の関係国へ疎開した者もいた。

多くの教師たちは疎開する子どもたちと一緒に田舎に行き、都会の学校は閉鎖され、市民防衛軍に引き渡された。都会の学校不足は、疎開しなかった子どもたちが学校教育をあまり受けないことを意味した。男性教員たちが軍隊に召集されるにつれ、この問題は深刻化した。田舎の学校は超満員となり、「交代」制を取る学校もあった。そこでは、地域の子どもたちは午前中に、疎開している子どもたちは午後に勉強した。教師たちは、融通を利かせ、効率良く、極めて要領よくこなさなければならなかった。夏休みは減らされた。ミシェル・マゴリアンの小説『おやすみなさい、トムさん』に子どもたちの戦争中の学校生活を経験した様子が述べられている。

＊カナダの教師たちの経験

カナダでは何千人もの生徒が入隊したために、戦争が教育にただちに影響を与えた。加えて、学校は補給品を節約させられ、備品は削減され、教師たちは戦争へ出発した。第一次世界大戦時にそうしたように再度、教師たちは若い人びとに戦時教育をおこなった。

教師たちと生徒たちは、節約キャンペーンを応援し、金属とゴムを回収し、数えきれないくらいの募金活動をおこなった。それに包帯などの病院の必需品を縫い、軍人と戦争孤児の衣服を作った。モントリオールの生徒たちは、赤十字のために1万5000本の腕用添え木を作り、戦闘機パイロットの訓練用模型飛行機の製作に従事した。高校では、男子は軍事教練を受けた。教師たちと生徒たちはカナダ放送協会による放送で戦況を聞き、戦争遂行の支援プロジェクトに一丸となって取り組んだ。

歴史家のアン・ミラーは次のように書いている。「戦争支援の学校活動は、ふたつの目的を果たした。戦争遂行への献身を明確にし、教師たちが青少年に倹約、勤勉、忍耐の大切さ、民主主義の価値と伝統を守る必要性を教える機会にもなった。状況を嘆く一方で、教育者たちは、戦争が若いカナダ人に自国の未来に対する責任感を教え込む機会となっていることを認識していた。」

第二次大戦後の教職

軍人たちの帰還は、カレッジと教員の需要を高めた。アメリカでは、権利に関する復員軍人援護法により、兵役経験者には高等教育に在学中の融資や補助金を受ける権利が与えられた。女性教員たちの生活は激変した。戦争遂行のためには重要であったが、戦後は再び、補助的教員と見なされた。マリッジ・バー（結婚障壁）を適用して、既婚女性を解雇する雇い主もいた。イギリスでは1944年にそれを教職に適用し、アイルランドでは1958年に小学校教員に適用した。フランスではこの考え方は採用されなかったが、オーストラリアでは1970年代まで効力があった。アメリカでは、1950年代まで地方の教育委員会の大半で採用されていた。

上：
ロンドンから安全な田舎への疎開の準備をする子どもたち。ロンドンのステップニーにあるマイドル校。教師が悲しむ生徒を慰めている。

20 世紀

物語の中の教師

　教師についての多くの小説が、映画、舞台、テレビなどに翻案されてきた。これらの劇の改造作の原作は忘れられがちである。小説家は、カレッジや教室、校庭さえも作品の舞台にして、難題と喜びのある教師たちの生活を究明した。

教員生活

　教員生活を温かく真面目に取り扱った作品が、1934年、アメリカにてリトルブラウン社から慎重に出版された。出版社は大恐慌の間に新作品を出版するという危険を冒したくなかった。しかし、『チップス先生、さようなら』はすぐに大ヒットとなり、何度も版を重ねた（そして、イギリス版は同年秋に印刷に回された）。米英両国で本が大ヒットして、著者のジェームス・ヒルトンは有名になった。この物語は、イギリスの小さな男子寄宿学校の優しくて物静かで理知的な教師に関するものである。チップス先生は伝統的な教師の生活を送っているが、多世代の男子生徒たちにとても愛されていた。ジェームス・ヒルトンはイギリスのケンブリッジにあるリーズ校で学んだ。この本は大体その寄宿学校での生活に基づいているようだ。『チップス先生、さようなら』は1939年と1969年の二度、映画化された。

下：
イギリス人の著者、ジェームス・ヒルトン（1900〜54）（着席）。1934年に出版された彼の最大のベストセラー『チップス先生、さようなら』にサインをしている。

物語の中の教師

左：
1960年、執筆中のミュリエル・スパークス。スコットランド人で、1961年の小説『ミス・ブロディの青春』の著者。スパークスの小説は映画化され成功した（147ページ参照）。

混乱した教室

著書『暴力教室』（1954）で、エヴァン・ハンターは、ニューヨークの職業高校の教師の生活を調べた。ハンターはヒッチコックの『鳥』（1963）の脚本でも知られており、どちらも悪夢を描いている。『暴力教室』では、リチャード・ダディエは、気がつくと人種間の不良集団文化の悪夢の世界に巻き込まれていた教師である。海軍の経験者だが、それでも生徒たちを制御して教えるのに悪戦苦闘する。しかし、最終的には生徒たちから尊敬される。この作品はグレン・フォードを主役に映画化された。

ハンターが混乱した教室を描いてから10年後、ベル・カウフマンは、別の都心の学校を舞台にした書簡形式の小説『下り階段をのぼれ』（1964）を発表した。中心となる登場人物は教師のシルビア・バーレットで、イギリス文学への愛を無関心な生徒たちと共有したいと思っている。学校で成功しようと悪戦苦闘し、ほぼ諦めかけるが、ついには、何人かの生徒に自分が前向きな影響を与えていたことに気付く。『暴力教室』のように、『下り階段をのぼれ』は映画化されて成功した。

教師と生徒の関係

1961年、ミュリエル・スパークスによる繊細で軽妙なところもある教師を描いた作品『ミス・ブロディの青春』が発表された。1930年代のエジンバラを舞台に、教師のミス・ブロディと「ブロディガールズ」として知られる女生徒達との関係を描いている。ミス・ブロディが特別に目をかけた6人の女生徒たちは、ほかの生徒たちよりも、進歩的で知的な面で厳しい教育を受ける。最初は、彼女たちはミス・ブロディを尊敬するが、最後に、読者は彼女たちがミス・ブロディに背くことを知る。とはいえ、ミス・ブロディは印象的な教師であり、この小説は教育をテーマとした小説の古典である。2005年、タイム誌は1923年以降の英文学のベスト100の一冊にこの小説を挙げた。

ジェーン・ブロディは必ずしも好ましい人物とは言えないが、読者の共感を呼んだ。ゾーイ・ヘラーによる『あるスキャンダルの覚書』（2003）に登場するバーバラは、同様に気に障るが、同情に値する人物である。この小説は、若い教師のシーバの生活が15歳の生徒と肉体関係を持つことでどう破壊されていくかに焦点が当てられている。バーバラは不道徳な関係を見つけるとシーバを巧みに操り、嫉妬に悩まされる。

133

20世紀

上：
アイルランドの教師から小説家に転身したロディ・ドイル。

教師たちの経験

『ストナー』(1965)では、ある男性教員の苦難が卓越した感受性で描かれている。この小説は、2003年の再版の際、好評を博し、アメリカ人の作家ジョン・ウィリアムズの新世代のファンを魅了した。ウィリアム・ストナーのカレッジでの学校生活と英文学の教授としての日々が、ひとりの男の夢と欲望と失意の物語の骨格となっている。ストナーはミズーリ州の貧しい農家で育ったが、両親は大学で農業を学ばせようとなんとか進学させた。ストナーは詩に興味を持ち、英文学の学位プログラムに移る決心をする。ついに、英文学の大学教授の職を手にする。学内政治や同僚のつまらない虚栄心にしばしば翻弄されるが、ストナーは仕事を楽しむ人気の教師である。まったく不幸せな結婚と若い研究者との恋愛は、美しく書かれた小説に感動的なストーリー展開を添える。

東京大学の若い講師の姿を描いたアンジェラ・デイビス・ガードナーの『プラムワイン』(2007)など、教師が主人公に描かれる小説が多くある。サラ・シュン・リアン・バイナムの『ミズ・ヘンペル・クロニクルズ』(2008)では、英文学の新任教員がミズ・ヘンペル・クロニクルズから成功に必要なことを学ぼうと奮闘する。

賞を獲得した教師兼作家

ノーベル文学賞に輝いた詩人のシェイマス・ヒーニーのようにアイルランドで教職につきながら、作家として大成功を収め、国際的な名声を得て、様々な賞を獲得した者は、ほかに何人もいる。

ジョン・マクガハンは学校で奨学金を得て、ついにはダブリンの聖パトリック・トレーニング・カレッジへ進学し、小学校教員の教員養成訓練を受けた。しばらく教師として働き、執筆活動を始めた。彼の作品には、『青い夕闇』(1965)があるが、この作品は当初アイルランドで発禁となり、結局、教師の職を失った。ほかにも多くの小説を書き、そのなかに『アマングスト・ウィミン』(1990)がある。この作品は、マン・ブッカー賞にノミネートされた。2003年、『日の出を見れるかも知れない』(2001)は、IMPAC賞にノミネートされた。同年、アイルランドのPEN賞を獲得した。マクガハンはまた、フランスから芸術文化勲章などを受勲している。

アイルランド系アメリカ人の作家フランク・マコートの『男性教師』(2005)はある男性の教師人生の物語である。この作品は、自伝的で、主としてニューヨーク市のスタイヴェサント高校の教員としての経験に基づいて描かれている。同校では国語・英文学と創作を教えていた。最終的には、回想録の『アンジェラの灰』(1996)を出版して成功し、ピュリッツァー賞の伝記・自伝部門に輝いた(1997)。

もうひとりのアイルランド人教師で作家になって賞を獲得した者にロディ・ドイルがいる。小説『おれたち、ザ・コミットメンツ』(1987)が、1991年に映画化され成功すると、まずドイルを有名にした。これに続く作品に、『スナッパー』(1990)、『ヴァン』(1991)、マン・ブッカー賞を獲得した『パディ・クラーク　ハハハ』(1993)がある。ドイルは、ダブリンのグリーンデール・コミュニティスクールで教えていた経験が作品創作のひらめきにつながったと認めている。

物語の中の教師

＊ウィリアム・ゴールディング（1911〜93）

　おそらく『蠅の王』（1954）が一番有名な小説だが、ゴールディングは最初は教師だった。オックスフォード大学で英文学を学び、第二次世界大戦に出征するため王立海軍に入隊した。駆逐艦で戦い、Dデイのノルマンディー上陸作戦に参加した。そして、戦争の経験は、『蠅の王』で描かれているような無垢と邪悪さを探究する彼の作風に影響を与えた。

　戦争後、ウィルトシャーのビショップ・ワーズワース・スクールで教職に就くこととなった。この学校には、1945〜62年に教師としてゴールディングが過ごしたことを記念する盾がある。作家として成功し『蠅の王』の映画化（1963）され、ヒットしたことで、執筆に集中するために教職を離れた。『蠅の王』では、男子生徒たちが無人島に取り残される。教師の指導も両親のアドバイスもなく、男子生徒たちは次第に自分を見失ってお互いに残忍にふるまうようになる。

　ヒーニーと同様、ゴールディングは教師を経験したすべての作家のなかでも最も著名な作家のひとりである。1980年に『通過儀礼』でマン・ブッカー賞を獲得し、1983年にノーベル文学賞に輝いた。

下：
イギリス人、ウィリアム・ゴールディング。
『蠅の王』（1954）の著者。
1964年撮影。

20 世紀

上：
1981年の『ブライズヘッドふたたび』のテレビシリーズ化は、イギリス人作家のイーヴリン・ウォーの1945年の小説に基づいている。写真はチャールズ・ライダー役のジェレミー・アイアンズがオックスフォードのハートフォード・カレッジの中庭に立っている様子。

キャンパス文学と大学の教職

　カレッジのキャンパスは、多くの小説家に物語の背景を提供してきた。教員や研究者は、滑稽かロマンチックな人物、芸術家、そして殺人者まで様々に描かれてきた。キャンパスがちらっと登場するだけの作品もあれば、大学での生活が次々に展開する物語の背景をかたちづくる作品もある。

　イーヴリン・ウォーの『ブライズヘッドふたたび』(1945)では、主人公のチャールズ・ライダーとセバスチャン・フライトがオックスフォード大学で出会う。チャールズはハートフォード・カレッジで歴史を勉強していた時に、セバスチャン・フライト卿とその奇妙で華やかな友人たちの広範なグループに出会う。

　オックスフォードでの日々はこの小説の小さな一部分にすぎないが、フライトとライダーと友人たちの偉業で印象的なものとなっており、ライダーの未来を方向づけている。『ブライズヘッドふたたび』は1981年にグラナダテレビジョンが11回のテレビシリーズとして制作し、多くの視聴者を魅了した。また、ライダー役のジェレミー・アイアンズをスターにした。オックスフォードの場面は大学でロケがおこなわれ、スピール市の美しさを描写し、川での舟遊びや、狭い丸石舗装の道での自転車通いや、パーティに興じる学生の姿を描いた。2008年には長編映画作品にもなった。

　オックスフォードとケンブリッジでの学生生活の記述は、ドロシー L. セイヤーズの『学寮祭の夜』(1935)からイアン・マキューアンによる『ソーラー』(2010)まで、多くの小説に見られる。ふたつの学園都市は小説や伝記を基にした映画に、背景となる美しい風景を提

供してきたが、それには、コリン・デクスターによる小説『主任警部モース』、映画『永遠の愛に生きて』(1993) などがある。『永遠の愛に生きて』では、オックスフォード大学の研究者で作家のC.S. ルイスをアンソニー・ホプキンスが演じた。ケンブリッジ大学教授のスティーヴン・ホーキングの伝記作品は、『博士と彼女のセオリー』(2014) と題した映画として公開された。

アメリカのキャンパスと学部は、メアリー・マッカーシーの『ザ・グローブズ・オブ・アカデミー』(1951) で、主要舞台に取り上げられた。この小説では架空のジョスリン・カレッジが設定されているが、これは大学を風刺したもので、虚栄心が強くて、人を巧みに操る研究者たちの様子が描きだされている。マッカーシーは一時、大学の非常勤講師をしていて、作家、評論家として大成功し、1984年の全米文学賞を初め、多くの賞を獲得した。近年の例では、ゼイディー・スミスの『美について』(2005) もまた大学の研究者たちの欠点、特に架空のウェリントン・カレッジで教師をする主役のハワード・ベルシーの欠点を暴いている。『美について』は2005年にマン・ブッカー賞の最終選考に残り、2006年にベイリーズ賞に輝いた。

カレッジの教師と喜劇小説

キャンパスを舞台とした喜劇小説もいくつかあり、キングズリー・エイミスの『ラッキー・ジム』(1954) やトム・シャープの『ポーターハウス・ブルー』(1974) がある。どちらも学究的環境で描かれ、俗物で、場合によっては滑稽な研究者たちの姿を描いている。シャープの小説では、架空のケンブリッジ・カレッジを舞台に新学長と妻がカレッジにやってきて起こった変化に対する抵抗を、守衛長が率いている。キングズリー・エイミスは小説の舞台をイギリスの匿名の新設大学とし、そこで歴史の若い講師が学問的生活の気取りに抵抗する。

おそらく大学の教師についての最もよく知られた喜劇小説は、デビッド・ロッジによるキャンパス3部作である。この3部作は1975〜88年の間に出版されて高く評価された。タイトルは、『交換教授』(1975)、『小さな世界 アカデミック・ロマンス』(1984)、『素敵な仕事』(1988) である。ロッジはバーミンガム大学の講師でカリフォルニア大学バークレイ校にも客員教授として赴いた。教授としての経験はその著作に影響を与えている。キャンパス3部作の小説は、控えめなイギリス人研究者フィリップ・スワローの偉業と、活力にあふれたアメリカ人研究者モーリス・ザップ（彼の目標は世界最高給の人文系学者になること）をとても面白く描いている。

下：
イギリス人の作家、ゼイディー・スミス。キャンパスを舞台とした小説『美について』(2005) の宣伝活動にて。

20世紀

上：
アントニア・ホワイト。
寄宿舎学校を描いた小説『五月の霜』のイギリス人著者。

寄宿舎学校の教師と大人の物語

　寄宿舎学校を舞台にした物語は、英米の青少年読者層によく知られているが、一方で、寄宿舎学校を舞台に高く評価されている大人の小説もある。

　アントニア・ホワイトの『五月の霜』(1933)は、女子修道会の寄宿舎学校のファイブ・ウォンズ女子修道会を舞台にしているが、これは、イギリスのローハンプトンでホワイトが学んだ難関で排他的なセクレッド・ハート校をモデルに描かれている。小説の冒頭部が不適切と判断され、ホワイトは学校を退学になった。このことは、『五月の霜』の物語の基となっている。主人公のナンダは、彼女を教えていた修道女たちの見方では同様に堕落している。教師たちには修道会長のマザー・ラドクリフも含まれ、マザー・ラドクリフは女子たちに「困難と嘲りと忘恩に慣れる」ことを教えることによって人生への心構えをさせる。

　この小説は、はっきり正直に書かれていて、批評家たちがジェームズ・ジョイスの『若き芸術家の肖像』(1916)とを比較したほどである。『若き芸術家の肖像』もまた自伝的で、アイルランドの名高いイエズス会寄宿学校クロンゴウズ・ウッド・カレッジでのジョイスが受けた教育についての言及がある。どちらの小説でも、生徒たちの知性と信仰心の目覚めが学校教育の影響を受けている。

　ケイト・オブライエンの『ザ・ランド・オブ・スパイス』(1941)には『五月の霜』の残響があり、この小説もカトリックの女子寄宿学校が舞台となっている。オブライエンはホワイトと同様に女子修道会の寄宿学校に入っていた。ローレルヒル女子修道会での年月を参考にして物語の背景を創作し、人間の弱さと大人の性的関心を学んでいく主人公アンナのキャラクターをつくり上げた。女子修道会長は分別があり面倒見のよい女性として登場し、自分たちに無関心な両親に育てられた子どもたちに大いに同情する。

　大人の読者向けのアメリカの小説でも、活動の場としての寄宿舎と、主人公の青年期の成長に主要な役割を果たす教師たちが描かれる。『セパレート・ピース　友情の証』(1959)で、ジョン・ノウルズは自分が学んだフィリップス・エクスター・アカデミーをもとに架空のデヴォン・スクールを創作

物語の中の教師

した。この成人小説はジーンとフィニーのふたりの学友が主人公で、フィニーの死が描かれる。トバイアス・ウルフの『オールド・スクール』(2003) も寄宿舎学校を舞台としており、おそらくはペンシルヴェニア州にあるウルフが学んだヒル校に基づいて描かれている。ウルフは大学の教員になるために進学し、オックスフォード大学とスタンフォード大学で学び、そこで1997年に英文学と創作の教授の職を得た。『オールド・スクール』では、生徒たちに与えうる文学の才能により、英文学の教師がほかの全学科の教師たちよりも優れたものに描かれている。

オーストラリアの小説『ピクニック・アト・ハンギング・ロック』(1967)で、ジョーン・リンジーはヴィクトリア州の難関の寄宿学校の女子生徒たちのグループの遠足を独特の雰囲気で描きだした。1900年を舞台に実話として小説は書かれており、不思議なことにマセドニア山地域にあるハンギング・ロックを登っている間に女子たちが消えた事件の詳細が書かれている。

いくらか腹黒い校長のミセス・アップルヤードは、この出来事が学校に与える衝撃に対処しようとする。しかしながら、教員の何人かが辞めたり、悲劇的な死を遂げたりしたことで、地域の人びとの関心が高まり、生徒たちは学校を去って行く。その後、ミセス・アップルヤードの体がハンギング・ロックのふもとで発見されることとなる。この小説は1975年に映画化されて大成功し、レイチェル・ロバーツがミセス・アップルヤードを演じた。

上：
1967年の小説『ピクニック・アト・ハンギング・ロック』に基づいた1975年の映画からのシーン。
校長のミセス・アップルヤード（レイチェル・ロバーツ）とミス・マクロウ（ヴィヴィアン・グレイ）。

20 世紀

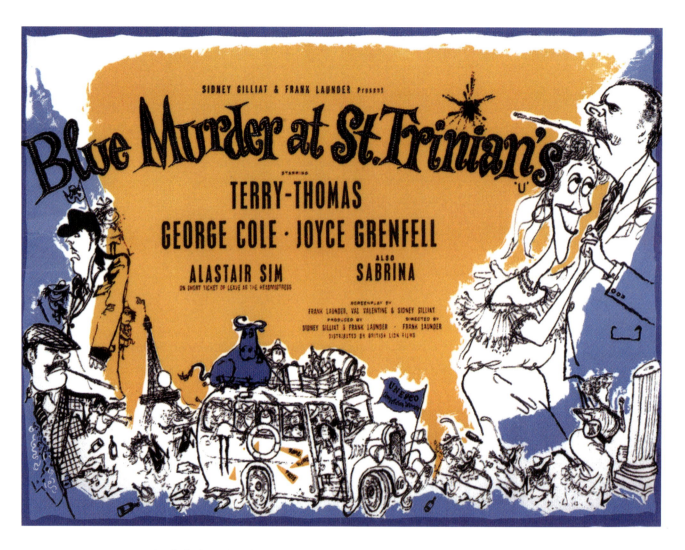

上：
映画『聖トリニアンズ女学院　ブルー・マーダー』(1957) のポスター。ロナルド・サールの漫画に刺激を受けた寄宿学校小説から映画化された作品。

児童文学の中の教師

　児童向けの寄宿学校物語のジャンルは1世紀を優に超えて人気がある。ヴィクトリア時代の小説家L.T.ミードは女子寄宿学校を小説の舞台とした。20世紀初めのアンジェラ・ブラジルもそうであった。チャールズ・ハミルトンによるビリー・ブンターを主人公にした物語群は、架空の男子寄宿学校グレイフレア校を舞台としている。この物語には、男子生徒が多いに恐れたケルチ先生のような教師たちが登場する。

　1940年代には、ロナルド・サールによる漫画作品が登場するが、サールはケンブリジで観察した女子生徒たちをモデルにしてキャラクターを作り出した。この漫画は、最終的には聖トリニアンズ女学院シリーズの本と、聖トリニアンズ女学院の数本のコメディ映画へと実を結ぶ。聖トリニアンズ女学院の校章は、どくろ図の模様であった。教師たちがステレオタイプに描かれていた一方、女子生徒たちは、恐れ知らずでインクの染みのついた行儀の悪い子たちとして、いつも描かれていた。

　架空の教師は、エレノア・ブレント＝ダイアーの小説とイーニッド・ブライトンの小説に多く登場する。ブレント＝ダイアーはシャレー校シリーズの小説を執筆し、一方、多作なブライトンはマ

物語の中の教師

ロリータワーズ学園という学校を舞台にした小説シリーズや、ほかにも聖クレア校を舞台にした小説シリーズなどを執筆した。ブレント＝ダイアーは学校教師だったが、彼女が教えたのはイギリスの普通学校である。その一方で彼女が創作したシャレー校という学校は、スイスの難関の寄宿学校であった。

ブライトンもまた教師であり、ケントにある小さな私立男子校で教えた。個人宅のガヴァネスとしても働いた。しかしながらブライトンの小説は、想像に基づいていて、マロリータワーズ学園も聖クレア校も両方とも中流・上位中流階級の子女のための寄宿学校である。フランス語教師のデュポン先生とルージエ先生のような教師たちは、ステレオタイプになりがちである。どちらのシリーズにも人気の女性校長が登場する。マロリータワーズ学園シリーズのグレイリン先生と聖クレア校シリーズのシオボールド先生は模範的な校長として描かれていて、生徒たちに厳しくも公平である。

今日、おそらく最も有名な架空の寄宿学校は、J.K.ローリングがハリーポッター・シリーズの小説で創作した魔法と魔術のホグワーツ校であろう。ハリーポッター・シリーズの本は史上最も売れた本のシリーズとなり、この本を原作とした映画シリーズは大成功を収めた。

ローリングはポルトガルで英語の教師として一時働いていたが、物語を書き始めた。ハリーポッター作品に登場する教師たちは、マッドアイ・ムーディ、ウィリナス・クィレル、ホラス・スラグホーン、セブルス・スネイプ、ポモーナ・スプラウトなどの名を持つ奇妙な人物たちである。ミネルバ・マクゴナガル教授とアルバス・ダンブルドア校長は最も影響力のある教師で、ホグワーツの生徒たちに模範を示して指導している。

右：
スネイプ教授（アラン・リックマン）。J.K.ローリングの小説『ハリーポッターと賢者の石』の映画版（1997）。

20 世紀

映画の中の教師

　コメディからホラー、ミュージカル、犯罪映画まで、多くの映画のジャンルで、教師は重要な役目を果たしてきた。教師たちは子どもたちを犯罪や窮乏から救うヒーローとして多く描かれ、自分の子どもを理解できない親からさえ子どもたちを救う。ロマンチックな人物として登場することもあるが、非情で冷たい人物、またはサディスティックな人物としてすら描く映画もある。何百もの映画が教師を主役に据え、多くの映画は実在の教師の人生を称賛してきた。

ヒーローとしての教師

　脚本家たちが教師の人生を描く作品に取り組む時、おそらく最も一般的なやり方は、教師たちをヒーローとして描くことだろう。1955年の映画『暴力教室』は、ヒーローの教師の特徴をいくつか示した。この映画で、退役軍人のリッチ・ダディエ（グレン・フォード）はニューヨークの教育困難校で教職につく。ダディエの教室での最も重要な難題は、生徒たち、特にアーティー・ウェスト（ヴィック・モロー）とシドニー・ポワチエが演じたグレゴリー・ミラーの反社会的行動だった。12年後、ポワチエは、非常によく似た映画『いつも心に太陽を』(1967)で教師——サッカレー先生——を演じた。この映画は、学業成績が悪く、人種間の敵対意識が強いロンドンの都心の学校を舞台としている。サッカレーは生徒たちの信頼を得ようとし、人生で成功出来るように生徒たちを元気づける。この映画は、サッカレーが苛酷な課題に直面し、学校を去って教職をあきらめるか、留まって闘い続けるかの決断を迫られるところで終わる。

右：
都心の問題の多い学校を舞台にした『いつも心に太陽を』(1967) のサッカレー先生役のシドニー・ポワチエ。

映画の中の教師

上：
『デンジャラス・マインド―卒業の日まで―』(1995)で、元海兵隊員で教師となった教師ルアン・ジョンソンを演じたミシェル・ファイファー。
この映画は、ルアン・ジョンソンによる実生活の体験記『ルアン先生にはさからうな』に基づいている。

　『いつも心に太陽を』は、十代の少年たちの皮肉な性向と不安に対処したいと願う理想家としての教師を描いている。この映画での教師は乱暴な生徒たちと戦う。つまり、不良少年たちをなんとか「味方につけ」ないと教師は勝利出来ない。この教師の成功の鍵は、生徒たちを元気づけ、生徒たちのヒーローになれる能力にある。「ヒーローとしての教師」は、多くの映画制作者が何度も取り組んだテーマで、『コンラック』(1974)、『りんご白書』(1984)、『落ちこぼれの天使たち』(1988)、『ワイルド・チェンジ』(1989)、『デンジャラス・マインド―卒業の日まで―』(1995)などの映画が制作された。『ミュージック・オブ・ハート』(1999)、『レッスン！』(2006)、『天使にラブ・ソングを…』(1992、1993)にあるように、クライマックスで、ヒーローの教師に刺激されて生徒たちのパフォーマンスが示されることも時々ある。

　「ヒーローとしての教師」像を描く映画で、最も有名なものはおそらく『いまを生きる』(1989)である。この映画でキーティング先生（ロビン・ウィリアムズ）は母校にもどって国語・英文学の教師となる。古い伝統に抑圧された学校で、キーティングは着任以後、一服の清涼剤となる。一連のシーンは、偉大な解放者としての先生の姿を映し出し、少年たちは知的な自由を獲得していく。先生の信念は「いまを楽しめ」で、何としても自分の夢を追えと生徒たちの背中を押す。先生の奇妙な教授法に生徒たちを机の上に立たせることがあるが、これで生徒たちは異なる角度からの物の見方を理解し、学ぶ。サッカーボールを蹴りながら、詩が教えられ、議論され、国語・英文学の教科書から硬直した定義がひきはがされる。

143

20 世紀

何人かの生徒がキーティング先生の独特の教育から大いに影響を受けるが、特にトッド・アンダーソン（イーサン・ホーク）とニール・ペリー（ロバート・ショーン・アンダーソン）はそうであった。先生がトッドに与えた影響は前向きなもので、自信を持って話すことと、自分を信じることをトッドは学

144

いる。ニールはキーティングの影響を受けて、演劇への情熱を高め、将来は演劇の道に進むことを選ぶ。父親の報復的な怒りに耐えきれず、ニールは自殺する。自殺の間接的な原因はキーティングにあると責められ、キーティングは辞職を強いられる。印象的な場面で、キーティングが学校を去る時、彼を崇拝する生徒たちが何も言わずに机に上に立ち、先生に敬礼をする。

感動を与える教師

『いまを生きる』では、キーティングが生徒たちの文学への愛情を目覚めさせるのに、革新的で独特の教授法を用いていた。『スクール・オブ・ライフ』(2005)の歴史教師(ライアン・レイノルズ)が導入した教授法もそうだった。この歴史教師は生徒たちにやる気を起こさせようと学校にやって来る。「D先生」は人気が出て、ザ・ティーチャー・オブ・ザ・イヤー獲得に有利な立場となり、同僚でライバルのワーナー先生の嫉妬を買う。

感動を与える教師が、同僚や上司の敵意を招いてしまう映画はほかにも多くある。フランス映画の『コーラス』(2004)も非友好的な環境に新任教師が着任する様子を描いている。クレマン・マチュー(ジェラール・ジュニョ)は厳格な寄宿学校に職を得た音楽教師で、そこでは男子生徒の多くが不適応者である。上司の反対にも関わらず、マチューはどうにか素晴らしい聖歌隊をつくり上げ、男子生徒たちの才能を開花させる。

『コーラス』は生徒たちの音楽の才能を引き出す教師の話で、感動を与える教師をテーマとした真面目な物語であるが、一方で、この種の一般的な筋書きに喜劇的なひねりを加えた作品も多い。例えば、『天使にラブ・ソングを2』(1993)では、シスター・メアリー・クラレンス(ウーピー・ゴールドバーグ)は、荒廃した教区学校で無関心な生徒たちのグループを引き受ける。その学校は閉鎖されかかっていたが、学校コーラスを創り、州の合唱コンクールの決勝選に出場するまでになり、土壇場で成功する。高揚させるパフォーマンスは、アラン・パーカー監督の作品『フェーム』(1980)にもある。ニューヨークの音楽専門学校を舞台に

ぶ。しかし、ニールへのキーティングの理想主義による帰結は衝撃的である。ニールの父親は息子がハーバード大学医学部に進学するものと決めて

左：
映画『いまを生きる』(1989)で感動を与える教師キーティング先生役のロビン・ウィリアムズ。

「私は教師です！　私はどこまでも教師です！」　　　『ミス・ブロディの青春』（1969）

したミュージカル映画で、毎年の卒業公演の幕開けの時までに、生徒たちはスーパースターになる。

さらに近年の作品で、音楽演奏を通じた教師と生徒たちとの成功例は、『ミュージック・オブ・ハート』（1999）でも描かれた。実話に基づき、バイオリン教師のロベルタ・ガスパーリ（メリル・ストリープ）の恵まれない子どもたちのためのハーレム校での格闘を描いている。予算削減で音楽の授業が閉講されるため、ロベルタはカーネギーホールで慈善音楽会を実施する。教職の実話をもとにした映画にはほかに『マツモト先生』（1920）がある。この映画は、溺死しかけた子どもの命を救った教師の姿を描いていて、日本で大人気となり、初公開時、中断されることなく1年以上上映された。6年経っても上映され続けた。

映画の中の感動を与える教師像は、感じのいい人物であることが多いのだが、『ミス・ブロディの青春』（1969）では題名役のマギー・スミスが、第一次と第二次世界大戦間のエジンバラでの風変りな教師を演じている。『いまを生きる』のキーティング先生のように、ブロディ先生は、自分を崇拝する生徒たちの小グループを集める。そして、キーティング先生のように、独特の教授法とカリスマ的な影響力が、最終的には彼女を失脚させる。学校は彼女に辞職を要求するが、「どこまでも教師」の思い出を残してブロディ先生は去って行く。

教師とさらなるニーズ

『勇気あるもの』（1994）は、ダニー・デヴィートが学習困難のある陸軍新兵の教育係を演じる本格コメディだが、いろんなニーズを抱える子どもたちや大人たちに応えて働く教師の姿を真面目に描いた映画もある。最も有名な作品に、『奇跡の人』（1962）がある。この映画でアン・バンクロフトは、視聴覚障害のヘレン・ケラーの教師アン・サリバンを演じた。ヘレンの父親はサリバンを家族と生活させようと連れてきて、サリバンの教えで、ヘレンは世間と交流する方法を見つけられる。映画は、ヘレン・アダムス・ケラー（1880～1968）

の人生に基づいており、サリバンがいかにケラーを行動主義と公人としての活動へ導いたかも描いている。そして、バンクロフトは、サリバンのケラーへの教育に基づいた舞台でサリバン役を何度も演じることになる。

『愛は静けさの中に』（1986）も、マーク・メドフによる舞台作品の映画化である。言語聴覚教師の物語で、ウィリアム・ハートが演じた。舞台作品は1980年にブロードウェイで初演され、三度トニー賞に輝いている。映画では聴覚障害の女優マーリー・マトリンがオスカーを受賞した。

上：
フランス映画『コーラス』（2004）で音楽教師クレマン・マチュー役のジェラール・ジュニョ。

146ページ：
『ミス・ブロディの青春』（1969）で感動を与える教師、ジーン・ブロディ先生を演じるマギー・スミス。

テレビ作品の中の教師

　何十ものテレビショー、テレビ用映画、小説の翻案作品で教師たちは取り上げられてきた。教育者の生活もまた、学校生活が隠し撮りのドキュメンタリーなどで取り上げられ、教師たちの働くようすを私たちは理解するようになった。学校生活をリアルに描写するテレビシリーズは、特に十代の視聴者に人気があることがわかった。

テレビ用映画

　テレビ用映画の多くで教師や学校が扱われてきた。映画評論家たちはこのジャンルを否定しがちだが、ハリウッド・スター主演のテレビ用映画で高く評価されたものもある。成功したハリウッド映画や舞台作品のリメイク作品もある。例えば、『小麦は緑』（1945）の劇場映画のオリジナル版では、モファット先生をベティ・デイビスが演じた。この作品はエムリン・ウィリアムズの舞台作品の映画化で、1938年にロンドンで初演された。ブロードウェイで1940～41年にロングランとなり、1980年代にブロードウェイとロンドンのウェストエンドで再演された。

　監督のジョージ・キューカーが1979年にテレビ用映画版を新しく制作し、19世紀後半の鉱山都市ウェルシュに学校を設立する意志の強い教師をキャサリン・ヘプバーンが完璧に演じた。モファットは特に賢い生徒を見つけ、多くの障害を突破して高等教育に進むよう励ます。

　ほかには、ビング・クロスビーとイングリット・バーグマンが出演したハリウッド映画の名作『聖メリーの鐘』（1945）があるが、これもテレビ用にリメイクされた。1959年に放映され、荒廃したニューヨークの学校を立て直そうとする修道女をクローデット・コルベールが演じた。

北アメリカの歴史ドラマ

　19世紀の学校教師は、評判のよいテレビシリーズや映画で生き生きと描かれてきた。それらの作品はその時代の自叙伝を元に制作されることがよくあった。『大草原の小さな家』のようなテレビシリーズで見られた一教室型学校とその環境は、19～20世紀初頭のアメリカのフロンティアでの子どもたちと教師たちの生活のようすを20世紀後半の視聴者に教えた。

＊『大草原の小さな家』

　ローラ・インガルス・ワイルダー（1867～1957）の書いた自伝を元に、『大草原の小さな家』がテレビ用に制作され、1974～84年に放映された。ワイルダーはウィスコンシン州、カンザス州、ミネソタ州、そしてサウスダコタ州で育った。テレビシリーズでは、子ども時代と教育の大部分がひとつの場所——ウォルナット・グローブという小さな町——で描かれている。

　多くの場面がワイルダー自身の経験に基づいている。16歳の時、サウスダコタ州のデ・スメットで一教室型学校の教師になった。高校は出なかったが学校で教えるために自学で家計を助けた。テレビシリーズでは、幼いローラ（メリッサ・ギルバート）と姉のメアリー（メリッサ・スー・アンダーソン）は優等生である。メアリーは視力を失って教職を辞するが、アイオワ州の盲学校の教師と結婚する。ローラは自身の学校のイライザ先生（ルーシー・リー・フリピン）の弟のアルマンゾ（ディーン・バトラー）と結婚する。ドラマは19世紀の女性教師の戯画としてワイルダー先生を描いている。眼鏡をかけて、髪を飾り気のなく結い、空いた時間をすべて読書に費やす。ウォルナット・グローブの学校をイライザ先生から引き継ぐ時は、生徒たちと気安く交流する肩の力を抜いた教師になる。

＊『赤毛のアン』

　「感動を与える女性教師」像も、L.M.モンゴメリーの自伝的小説『赤毛のアン』を元にしてテレビや

149ページ：
テレビシリーズ『大草原の小さな家』より。
ローラ役のメリッサ・ギルバート。

20世紀

20世紀

映画で描かれてきた。小説の最も有名な翻案作品はおそらく、1985年のCBC制作の連続ドラマで、カナダのプリンス・エドワード島にある架空の町アボンリー地域の学校の生徒アンをミーガン・ファローズが演じた。「気が合う人」のステイシー先生（マリリン・ライトストーン）の教育に刺激され、アンは最終学年でクラスで一番の成績をとり、クイーンズ・カレッジで教員養成訓練を受ける奨学金を獲得する。アンはついにはアボンリーに戻り、ステイシー先生から地域の学校を引き継ぐ。

物語のアンの受けた教育は、著者のモンゴメリー自身の人生に基づいている。モンゴメリーはプリンス・エドワード島のキャベンディッシュで育った。そこで小学校に通い、1893年にシャーロットタウンのプリンス・オブ・ウェールズ・カレッジに進学し、教員養成訓練を受ける。そして、いくつかの学校で教師として働く前にノバスコシア州のダルハウジー大学に通った。

* 『わが家は11人』

一教室型学校と地方の感動を与える女性教師は、テレビシリーズ『わが家は11人』でも描かれた。アール・ハンマー・ジュニアの『スペンサーの山』を原作とし、ヴァージニア州の架空の町を舞台に、ほとんどが1930年代から40年代で、大恐慌と第二次世界大戦を背景にして物語が展開する。ハンター先生（マリクレール・コステロ）は地域の学校の女性教師で、すべての年齢の子どもたちを教えていて、そこには7人のウォルトン家の子どもたちもいる。ジョン・ボーイ（リチャード・トーマス）を物書きへの情熱を追求するよう励ましたのはハンター先生で、ジョン・ボーイはついには架空のボートライト・カレッジに進学する。このカレッジはリッチモンド・カレッジ（後半はヴァージニア大学）をモデルにしている。

イギリスのテレビの中の教師たち

多くのテレビシリーズとテレビ用番組は、学校と教師たちを扱ってきた。チャールズ・ディケンズのような文豪の19世紀の有名小説を原作に制作されたものもあるが、架空の近代的な学校が舞台のテレビシリーズで評判の良い作品もいくつかある。テレビはアニメーターたちに存分に腕をふるわせ、学校が舞台のアニメ番組が創作された。

右：
テレビシリーズ『わが家は11人』のウォルトン一家。ジョン・ボーイ・ウォルトンが農夫からカレッジの学生になる過程を描く。

テレビ作品の中の教師

＊映像化されたディケンズ作品

　イギリスの19世紀の教室が、テレビ用映画やテレビシリーズで鮮やかに再現された。チャールズ・ディケンズの小説は400以上の映画やテレビシリーズの原作となったが、映像化された教師と学校で最も印象的なものがいくつかある。『オリバー・ツイスト』の多くの映像化作品では救貧院の学校の世界が再現され、一方で『ハード・タイムス』は異なったタイプの教育をちらっと見せてくれる。『オリバー・ツイスト』は何度となくテレビの連続ドラマ化され、最初は1962年、その後、1999年、2007年に映像化された。小説『ハード・タイムス』でディケンズは工場のような学校と自信をなくさせる教育を攻撃したが、1977年と1994年にイギリスでテレビシリーズ化された。『ハード・タイムス』のグラッドグラインド先生は、イギリスの工業都市、その名もコークタウンの厳格な学校の校長である。1977年の連続ドラマでは、グラッドグラインド役はパトリック・アレンが演じた。

＊グランジヒル

　1970年代にはまた、イギリスのテレビシリーズ

上：
バウンダービー役のティモシー・ウェストと、非情な教師グラッドグラインド役のパトリック・アレン。ディケンズの小説が原作のテレビシリーズ『ハード・タイムス』。

20 世紀

上：
生徒と一緒のトニー・ミッチェル先生（マイケル・パーシバル）。
1970年代のイギリスのテレビシリーズ『グランジヒル』より。

の最長のひとつになりそうな作品が放映された。『グランジヒル』は架空の学校が舞台の作品で、1978年に始まり30年続いた。このシリーズはフィル・レドモンドにより制作されたが、レドモンドは『ブルックサイド』や『ホーリーオークス』などの人気メロドラマのテレビシリーズも制作した。

　当初からエピソードは論争含みで、ヘロインの使用やナイフを使った犯罪などをテーマにして、徹底したリアリズムがあった。多くの異なった学校で撮影された。ノース・ロンドンのキングスバリー高校、ロンドンのハマースミスのホルボーン・カレッジなどである。

　グランジヒルの多くの教師はあだ名があり、「はねてる」ホップウッド、「すすけた」サトクリフ、「弾丸」バクスター、そして「むさ苦しい」マクガフェイなどであった。学校の教員で最も有名な人物のひとりは女性校長のムクラスキー先生（グウィネス・パウエル）で、10年にわたって放映されたシリーズの主人公であった。「野生馬」ブロンソン先生（マイケル・シェアード）はおそらく最も恐れられた先生で、厳格な教育方針は生徒たちを震え上がらせた。

*『スキンズ』

　十代の諸問題と社会問題は、2008～13年制作のイギリスのテレビシリーズ『スキンズ』でも物語の主軸におかれていた。ブリストルを舞台に、6年生の生徒たちに焦点を当てている。番組名は「自分で巻く」タバコに用いられる紙にちなんでいる。教師たちはすべての教師に共通する強さと弱さを

持つ者として描かれ、生徒たちと格闘し、感動を与え、途中で疲れ果てることがよくあった。

教師たちと十代を描いたテレビ番組

日本でとても人気がある十代向けテレビシリーズのいくつかは学校を舞台にしている。『花より男子』は2005年に放映され、十代を描いたドラマであった。難関校の英徳学園を舞台に、このテレビシリーズはいじめや十代の恋愛などの問題を取り上げた。もっと屈託のない学園ものとしては、『ファースト・クラス』というテレビシリーズがシンガポールで2008〜09年に放映された。このテレビシリーズでは、怒りっぽい理科教師のゲイ・ベー・ソング（パトリック・テオ）、うぬぼれの強い体育教師のノエル・リー（マーク・ジー）などが実に際立っていた。

十代の映画が成功すると、テレビシリーズに展開することが時々ある。熱狂的な十代向け映画『クルーレス』(1995)の公開が大成功し、5600万ドルもの興行収入を挙げた。この映画はジェーン・オースティンの『エマ』を大まかに再構成したもので、シェリリンこと「シェール」・ホロヴィッツを主役に、高校での恋愛、インターネット交流、結婚の仲介などで物語が進行する。このリメイクのテレビシリーズが1996年に制作され、高校生活の物語が続いた。『クルーレス』での有名な教師に、ホール先生とガイスト先生がいて、ふたりはシェールによって恋に落ち、結婚する。

アニメシリーズ

オーストリア人の絵本作家ルードヴィヒ・ベーメルマンスによって美しく描かれた『マドレーヌ』は漫画のテレビシリーズに改作された。オリジナルの児童向け物語の舞台は、フランスの寄宿学校で、そこでマドレーヌとお友達たちはクラベル先生に見守られている。この本は早くも1960年代初頭にテレビ用に翻案され、その後、1993〜2001年までにテレビ・スペシャルが間断なく何回か放映された。

子どもたちの学校は、『リセス〜ぼくらの休み時間〜』でも中心となっていて、1997〜2001年にアメリカのテレビアニメシリーズが制作された。6人の4年生がサードストリート小学校の活動の中心である。

このシリーズに着想を得て、映画『リセス〜ぼくらの夏休みを守れ！〜』(2001)がウォルト・ディズニー・ピクチャーズにより制作された。このアニメの教師たちは概してステレオタイプな教師像になっている。フィンスター先生は権威主義者で、誰とも楽しもうとしないが、一方、グローキー先生はちょっと奇妙なヒッピーで、子どもたちに人気がある。

上：
ガイスト先生（ツィンク・キャップラン）と生徒のシェール・ホロヴィッツ（レイチェル・ブランチャード）。1996年の連続ドラマ『クルーレス』より。

20 世紀

舞台の上の教師

　多くの舞台作品が教師たちと生徒たちの関係を探究してきた。そして学校は大いに成功した多くの演劇作品の活動舞台であった。これらの演劇作品には映像化されたものもあるが、一方でオリジナルの舞台作品はプロの俳優陣とアマチュアの演者の両者により定期的に再演されており、世界中の観客にオリジナルの舞台作品の魅力を伝えている。

教師たちとチャンス

　教師が生徒に与える影響についての演劇で、最も有名で影響力が大きい作品のひとつが、ジョージ・バーナード・ショーの『ピグマリオン』(1913) である。この演劇作品でショーは、教育が若い女性に新しいチャンスを与え、社会階層と貧困が強いる制限から解放するものであることを探究した。これは、演劇と小説の両者で多くの作家がリメイクしてきたモチーフである。『ピグマリオン』には、時代を超えた魅力があり、教師の影響力についての極めて重要な作品としての地位を保っている。ロンドン訛りの花売り娘を公爵夫人として通用させるために、音声学の教授がどのように教育していくかをこの演劇作品は描いていて、ショーはユーモアと皮肉をバランスよく両立させている。この舞台作品は 1913 年にウィーンで初演されると、すぐに成功し、1914 年にはニューヨークとロンドンの両都市で上演された。

右：
ミュージカル『マイ・フェア・レディ』。ヘンリー・ヒギンズ役のレックス・ハリソンと生徒のイライザ・ドゥーリトル役のジュリー・アンドリュース。

上：
ミュージカル『サウンド・オブ・ミュージック』でマリア・フォン・トラップ役のコニー・フィッシャー。マリアは子どもたちに『ドレミの歌』を使って、音階を教えている。この歌は今日でも音楽教育で、教師に用いられている。

1938年、この演劇作品は映画化され、レスリー・ハワードとウェンディ・ヒラーが主役を演じた。しかし、この作品の映画化の最も有名な作品は『マイ・フェア・レディ』(1964)で、イライザ役をオードリー・ヘップバーン、ヒギンズ教授役をレックス・ハリソンが演じた。レックス・ハリソンは、同作品のミュージカル舞台でもヒギンズを演じ、イライザ役は、ジュリー・アンドリュースが演じた。演劇作品『ピグマリオン』も何度か映画化されている。

ジュリー・アンドリュースは『マイ・フェア・レディ』の舞台作品では生徒役だったが、一方で大ヒットのミュージカルを映画化した『サウンド・オブ・ミュージック』(1965)では教師役をした。この作品は実話に基づいており、ブロードウェイ・ミュージカル作品は、名高いコンビのリチャード・ロジャースとオスカー・ハマースタインが作曲を担当して1959年に初演された。『サウンド・オブ・ミュージック』は、マリア・フォン・トラップの自伝に基づいており、マリアは7人のフォン・トラップ家の子どもたちのガヴァネスになるために、修道女になる計画を諦めた。教えるのに歌や音楽を使い、子どもたちにとても前向きな影響を与えている。劇の終わりには、マリアは子どもたちの先生であり母親にもなる。

教師たちと慣習

ウィリー・ラッセルの『リタと大学教授』(1980)は『ピグマリオン』のテーマを広い意味で扱っているが、教師と生徒の関係を異なった文脈で探究している。この演劇作品は二人芝居であり、ロイヤル・シェークスピア・カンパニーに委託されたものだった。ロンドンのウェアハウス（現ドンマー・ウェアハウス）で初演され、リタ役をジュリー・ウォルターズが演じた——ウォルターズはこの役を映画版『リタと大学教授』(2000)で再度演じた。作品は、成人の大学生リタと英文学のチューターのフランク・ブライアン博士（マイケル・ケイン）との関係を詳しく掘り下げる。ふたりの関係はプラトニックを保つが、それでもブライアンの人生はひっくり返る。

リタの温かさと文学への熱意は、ブライアンに

20 世紀

156

舞台の上の教師

自分が詩人になれなかった悔しさを呼び覚ました。ブライアンは文芸批評のことばにうんざりしていることに気付くが、詩に対するリタの素直な反応はブライアンの顔をほころばせる。この演劇は因襲と俗物根性をともなう大学教育のある種の限界を示している。一方で、リタの大学での経験がそれまでの不満足に終えた生活から、どうリタをいかに解放するかも示している。とはいえリタには結婚を犠牲にしてこの解放がある。リタは社会階層の慣習に反抗し、勉強に邁進しようと家族と夫に背を向ける。この作品のメッセージは究極的には楽観的なもので、リタの将来は困難だがやりがいもあるものとなっている。

ジュリー・ウォルターズも、教師が生徒たちの人生に与える影響を扱った別の作品で主役をつとめ大成功を納めた。それは映画『リトル・ダンサー（ビリー・エリオット）』（2000）でのダンス教師役の時だ。ウィルキンソン先生（ジュリー・ウォルターズ）は幼いビリーを励まし、炭鉱夫で息子がダンスをしたいのを理解できない父親の頑固な反対に負けずに、バレエダンサーになる夢を追求するよう背中を押す。この映画を基に、舞台『ビリー・エリオット：ミュージカル』（2005）が制作されてヒットしたが、音楽と歌詞はエルトン・ジョンが担当した。このミュージカルは2005年にロンドンのウェストエンドで初演され、今もそこで上演されている。ブロードウェイでも上演され、トニー賞の10部門で賞を獲得した。

またロンドンとニューヨークのロングランで湧いた別の舞台作品にアラン・ベネットの『ヒストリー・ボーイズ』（2004）がある。イングランド北部のグラマー・スクールで、オックスフォード大学やケンブリッジ大学の入学試験の準備をしている少年グループの様子を描いている。教師たちの3人、アーウィン、ヘクター、リントットが物語の中心である。異なる「教師のタイプ」をなんとか書き分けているが、観客の共感を呼べるのは、学び自体を愛するヘクターである。2006年に映画化された。

左：
生徒たちとダグラス・ヘクター（リチャード・グリフィス）とリントット先生（フランシス・デ・ラ・トゥーア）。
『ヒストリー・ボーイズ』2005年、リトルトン劇場で。

157

20 世紀

詩と教育

　教師たちと教育は何世紀もの間、詩のなかで称えられてきた。多くの詩人が職業人生の一時期を教師として過ごしており、今日、詩人たちの貢献により大学で詩の教育は活発におこなわれている。イギリスの「ポエトリー・バイ・ハート（心の詩）」が、詩を学ぶ喜びを称えるコンクールであり、アメリカの「ポエトリー・アウト・ラウド（朗読詩）」に相当する。

教師である詩人

　現代の詩人の多くが、創作プログラムや一般教科の教師として学校や大学で働いている。教育について感動的な詩を書いた人の中には受賞歴を持つアメリカの詩人にルシア・ペリロとメアリー・ルーフルがいる。教師として働いていた国際的に有名な詩人を以下に挙げる：

＊ウォルト・ホイットマン（1819～92）
　『草の葉』の著者の19世紀アメリカの文筆家は、教師、ジャーナリスト、官吏として働いていた。1840～41年にホイットマンは「サンダウン新聞——教師の机から」という10編の論説を連載した。彼の詩は後のアメリカの詩に多大な影響を与え、エズラ・パウンドは彼について「アメリカの詩人……ホイットマンはアメリカだ」と語った。

＊ステファヌ・マラルメ（1842～98）
　一流のフランスの詩人賞は有名な象徴派の詩人のステファヌ・マラルメにちなんでいる。マラルメは生涯通じて英語教師として働き、ささやかな収入を得ていた。パリの自宅でサロンを開き、詩や芸術や哲学を議論し、知的な人びとと知り合った。そのなかには、作家のW.B.イェーツ、ライナー・マリア・リルケ、ポール・ヴァレリー、ポール・ヴェルレーヌ、画家のクロード・モネ、ジェームス・マクニール・ホイッスラー、音楽家のクロード・ドビュッシーがいた。

＊シェイマス・ヒーニー（1939～2013）
　ノーベル賞に輝いたアイルランドの詩人シェイマス・ヒーニーは、後に講師となる聖ヨセフ教員養成カレッジへ進学する前に、クイーンズ大学ベルファストで英文学を学んでいた。彼の最初の著書『11編の詩』は1965年に出版された。大量の詩を書いたうえに、教師としての抜群の経歴を持ち、カリフォルニア大学バークレー校とハーバード大学で講師をし、1989年にオックスフォード大学の詩学の教授に選ばれた。1995年にノーベル文学賞を受賞した。

左から右へ：
教師兼詩人でノーベル文学賞に輝いたシェイマス・ヒーニー。ガブリエラ・ミストラル。デレック・ウォルコット。ウォーレ・ショインカ。

詩と教育

上左：
アメリカの詩人ウォルト・ホイットマンは断続的に教師として働いた。

上右：
19世紀のアフリカ系アメリカ人の詩人フランシス・ハーパー（1825～1911）は、奴隷制度廃止を求めた政治活動家で、オハイオ州コロンバスの近くにあるアフリカ・メソジスト監督教会が運営する勤労学校のユニオン神学校で被服を教えた最初の女性であった。

左：
エドゥアール・マネによるステファヌ・マラルメの肖像（1876）。マラルメはフランス人の象徴派の詩人にして教師。

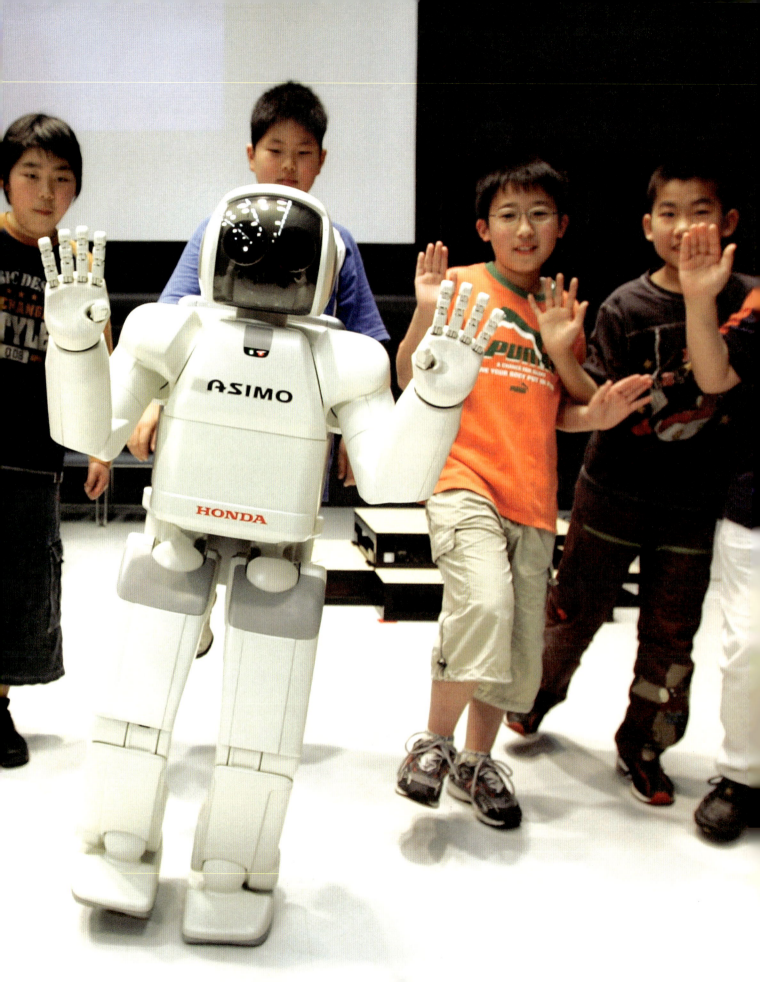

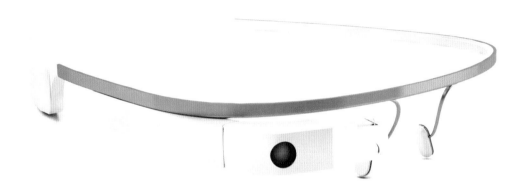

4 教職の現在と未来

　21世紀の教師たちは、前世紀までの教育理論と教授法の偉人たちの恩恵を被っているが、一方で、技術革新にともなう創意工夫も享受している。教室は創造的学習の場となり、インターネットを通じて世界とネットワークでつながるようになった。

教職の現在と未来

160ページ:
日本の小学6年生たちとホンダの歩くロボット、アシモ（ASIMO）。2005年。ホンダはロボットの観点からスクール・サイエンス・プログラムに貢献した。教師たちもロボット操縦法を学ばなければならないので、このプログラムでは、生徒たちと同様に指導を受けた。

161ページ:
スマート・グラス型のウェアラブル・コンピューター。アメリカの教師アンドリュー・ヴァンデン・ヘヴエルはグーグル・グラスのヘッドセットの画期的使用のコンテストで勝ち抜いた。ヘヴエルはメガネ型コンピューターを使って、バーチャル・リアリティの技術で、生徒たちを仮想の大型ハドロン衝突型加速器へ連れて行った。

右:
ティーチ・フォー・アメリカ隊のメンバーは、生徒に焦点を当てたフィードバックをおこなう。

163ページ:
ティーチ・フォー・アメリカは、アメリカ中の学校（教育困難校を含む）で働く意欲のある大学院生を待機させている。

教師たちと教育の革新

　教育政策は教育の変化を大いに推進するが、教師たちも変化の主体である。教師たちは講義概要やカリキュラムなどの前提条件に沿って働かなくてはならないが、一方、黒板の前に立ち、学校や教室で実際にどのような変化や革新が必要とされているかを理解している。教師たちは、学校を支援したり、学習に革新をもたらしたり、テクノロジーやコミュニケーションなどの分野で現在進行中の急激な変化に子どもたちを対応させたり、多くのプログラムに携わっている。

ティーチ・フォー・アメリカ

　アメリカの学校教育の水準向上という要求に応えるために学校は、やる気と十分な教育を受けている教師、しかも低所得層の居住地域の難題を抱える学校をはじめ、あらゆる学校で進んで働く意欲のある教師を定期的に採用する必要がある。こうした学校を支援し、生徒たちのチャンスを広げるため、多くの地域と国家のプロジェクトが立ち上げられてきた。

　そのプログラムのひとつが「ティーチ・フォー・アメリカ（アメリカのための教育）」で、1989年に創設された。アメリカでは貧困層の子どもたちが1600万人以上いて、その3分の1は高校を卒業せず、その多くはカレッジを卒業することは絶対にないという事実があり、ティーチ・フォー・アメリカの目的はこの現実への対処だった。設立者のウェ

教師たちと教育の革新

ンディ・コップには、成績優秀なカレッジの大学院生と、強力な支援が必要な学校とを結びつけるアイディアがあった。コップは非営利の教師の「コープス（隊）」の構想を進展させ、大学院生たちはそこで2年間の教育に参加した。

ティーチ・フォー・アメリカは訓練と支援を行い、アメリカ各地のパートナー校に隊員を配置する。プログラム連隊上級副隊長のスーザン・アシヤンビは、若い大学院生が隊への参加に魅かれる理由をわかっている。彼女はこう説明する。「何でこの仕事に参加せずにいられないのかと、部員に聞いたら、それぞれやや異なる理由や事情を話すでしょう。しかしながら、全員の理由を一緒にして見出だせる共通の特徴は、より大きなものの一員でいたいという生来の欲望と、教育の公平公正の問題を解決することが自分の人生で可能だという信念です。」

「過去4年間、私は多くのコープスの隊員たちや元隊員の教師たちと一緒に働いてきた。彼ら一人ひとりが、自分の経験を我われの学校に持ってきてくれ、子どもたちへの奥深い情熱を共有している。彼らの意志の強さの前では、大きすぎる難題などないように思える。」

キャロル・ウィルソン・フライ
インディアナポリスにあるクラレンス・ファリントン学校の校長

自分の人生に意味や方向性を与えてくれる何かを探している大学生たちは、この活発な教育隊へ参加しようという気持の変化に魅了されることがよくある。「この活動は非常にやりがいがあり、謙虚なものです。そしてこの活動は、教育の公平公正（学校の中でも外でも）運動への参加を選ぶ人びとや、不正を許さず毎日自分のベストを尽くし、自らを成長させ、向上させ、そして両親や私たちが派遣するコミュニティの人びとから学ぼうとする人びとを求めています。」とアシヤンビは語った。

25年以上にわたり、ティーチ・フォー・アメリカは、5万人以上のリーダーを養成してきた。その多くは入隊するまでアメリカ各地の都市部や田舎の低所得者層の住む地域の教師となって、教育に携わろうとは考えていなかった。アシヤンビは次のように説明する。ティーチ・フォー・アメリカは「私たちの活動を改善し、ベストの教育実践を明らかにするための道具のひとつとして、データを高く評価します。」アシヤンビは、緻密な調査研究の量の増加に言及していて、それには、マセマティカとランド（RAND）による最近の研究も含まれる。この研究はティーチ・フォー・アメリカの教師たちが、生徒の学習に前向きの影響を与えていると指摘している。アシヤンビは次の

ようにアドバイスしている。「テネシー州、ルイジアナ州、ノースカロライナ州はそれぞれ、地方の教職準備プログラムが新任教師に与える影響を調査研究し、三州のすべてで、ティーチ・フォー・アメリカが最も影響力のある教師を輩出したことが明らかになりました。隊員たちは自らをコミュニティ、学校、各地域のパートナーと思っており、すべての生徒に教育の機会を拡大するという目標を共有しています。コミュニティや学校や各地域でパートナーとともに最も支援が必要な学校で教育をおこなう者に、我々はより強力な支援と訓練を施そうと努力し続けるので、ただその継続のためにデータを使いたいと思っています。」

この教育隊の参加に適任な大学院生の選抜が重要なのは、ティーチ・フォー・アメリカのねらいが、多様な才能と技能を持ち、隊員が子どもたちの手本となることだからである。どんな経歴の個人でも、隊への加入が許される。アシヤンビは次のように語る。「多様な人材の教師たちが優れた教育を幅広く提供します。同時に、わが国の教育の不公平は、主に人種や社会階級によって線引きされているので、生徒たちと人種的、経済的背景を共有する個人の指導者としての育成が重要なことはわかっています。」

「ティーチ・フォー・アメリカを通じて教えに来てくれていたバーガス先生が僕の人生を変えてくれた4年の歳月を、僕は決して忘れないだろう。バーガス先生の教室に足を踏み入れるまでは、僕は強い反感——学校のシステムに対する強い反感——を募らせていたが、勉強は好きだった……。毎日バーガス先生の教室に入り、先生の授業を受けることで、僕は学校の外で受けたトラウマから逃れることが出来た。バーガス先生は、世界には僕が知っていることよりもずっとたくさんのことがあることを教えてくれた。」

クリフトン・ケニー
マイケル・バーガスの教え子
バーガスはセントルイスでの2009年の隊員で、ケニーは現在はハワード大学1年生。

教師たちと教育の革新

上：
優秀な大学院生を募集することに加えて、ティーチ・フォー・アメリカのねらいは、青少年にゆるぎない手本を与えることにある。

　特別支援が必要な学校の最大の問題のひとつは、教師の離職率が高いことである。アシヤンビはこの問題について熟考し、認める。「全教師のほぼ半分が5年以内に学校を去りますが、特別支援が必要な学校では離職率はもっと高いのです。」

　しかし、ティーチ・フォー・アメリカのチームは楽観的である。「資金不足で教職員の配置が難しい学校に力のある教師を確保することは、それがどんなに困難でも、成し遂げられると信じています」とアシヤンビは続ける。

　そして、楽観的な見方には根拠がある。元教育コープス隊員の3分の2が教育に携わっていて、30％は教室に留まって働いている。「ティーチ・フォー・アメリカのネットワークには5万人以上の隊員、元隊員、スタッフがいます……元隊員は多様な見方と経験を反映させて幅広く指導的役割を果たしています。低所得層の地域で体系立てた変化を促す方法についての我々の持論として、変化に影響を与え続けようとして他分野に参入するために、低所得者層の地域で生徒たちを教えた素晴らしい経験がある隊員が必要なことはわかっています。」アシヤンビは誇りを持って結論を述べた。「深く感動を与える一人ひとりが、私たちの財産であり、アメリカの教育システムへの最大の貢献なのです。」

165

教職の現在と未来

人生に変化をもたらす教師

子どもたちのため、若者たちのため、正規の学校教育制度から外れた成人たちのために働く教師や教育者の数は数えきれない。教師や教育者はたゆまずに学ぶ喜びを共有して、生徒たちが身体的、経済的、社会的課題をなんとか克服するよう助力する。

下：
ヒスパニック系のビジネスマン、ルイス・ユビナスの人生は、影響力のある教師の導きにより変容を遂げた。

「ある先生が自ら事にあたることにした4年生のあの瞬間から、私の進路が変わり、定まった。」

ルイス・A・ユビナス

勇気ある処置によって生徒の人生を変えた教師たちがいる。フォード財団前理事長のルイス・ユビナスは、ある教師がやってくれた並外れたことを語った。ユビナスはブロンクスの貧しい家庭で、労働搾取工場で働く母親と祖母に育てられた。1970年代、1980年代のニューヨークの多くのヒスパニック系の家庭と同じように、彼の家庭も教育を尊重した。しかし、ユビナスは学校で悪戦苦闘した。家族にはその原因がわからなかった。教師のひとりが、彼の生来の才能と授業レベルが合わないことに気付き、その教師は自ら事にあたることにした。アーリーン・アルダ著『ブロンクス出のただのガキ』でユビナスが詳しく述べている。

「先生は個人的に私をバンクストリート校、アレン＝スティーヴンソン校、聖バーナード校に連れて行きました。全部マンハッタンの私立学校でした。先生は私を学校から連れ出し、手を引き、地下鉄代を出し、昼食も買ってくれました。……奇跡的に、3校すべての入学許可をもらいました……私はアレン＝スティーヴンソン校からカレッジに進み、そこからハーバード、そしてハーバード・ビジネス・スクールに進んだのです。」

＊ロンドンのワームウッド・スクラブズ・ポニー・センター

自発的な教育主導権をとおして、他人の人生に多大な変化をもたらす人びとも確かにいる。イギリスはメアリー・ジョイ・ラングドンに感謝の意を表し、2012年オリンピックで聖火台へ聖火を運ぶ役を依頼した。

人生に変化をもたらす教師

上：
特別なケアを必要とする生徒たちが乗馬レッスンを受けている。
イギリスのワームウッド・スクラブズ・ポニー・センターにて。

　メアリー・ジョイはカトリックのシスターであるが、新聞報道によると、普通の修道女ではない。1970年代に遡ると、イギリスで最初の女性消防士だった。また、山登りをしたり、ビルの外壁をロープだけで下ったりした——それはいつも子どもたちの生活改善のお金を工面するためだった。熟練した馬術家、飼育家で、その才能は1989年に低木地と三頭のポニーを提供された際に大いに役立った。都市部のロンドン西部でワームウッド・スクラブズ・ポニー・センターの設立に取り掛かった。次のように言う。「決して事前に計画を立てたアイディアではありません。単にチャンスと環境が整ったのでアイディアが生まれたのです。」都心部での乗馬スクール設立にあたり、三頭のポニーを用い、学習障害や身体障害の子どもたちを歓迎し、乗馬を教えようというアイディアを思いついた。ボランティアの助力と多大な努力の結果、1989年に同センターが実現し、画期的な乗馬療法と教育がおこなわれた。

　1994年、同センターは『チャレンジ・アネカ』というテレビシリーズで注目され、同番組は屋内馬場の建設資金の調達に大いに役立った。このセンターは芸術家ルシアン・フロイドにも注目され

「乗馬療法はこのような子どもたちにとても役に立ちます。子どもたちは馬と一体となって、自分の抱える困難や問題を乗り越えることが出来ます。」

メアリー・ジョイ・ラングドン、IJS
ワームウッド・スクラブズ・ポニー・センター

167

た。ある日フロイドは馬の中の一頭を描こうとセンターに立ち寄った。フロイドはシウという雌馬の肖像を描き、センターのボランティア教師たちとの交流は大いに深まった。完成した絵は今、チャッツワース・ハウスに掲げられている。

センターはすっかり強力になり、子どもたちは様々な技能を身につけるチャンスを与えられている。子どもたちがみんな馬に乗れるわけではないが、ラングドンの説明によれば、すべての子どもが達成出来る。「参加するすべての子どもたちが達成感を得るチャンスを与えられます。達成感をなかなか味わえない子どもたちにとって、とても有益なことで、ほかの技能を身につける動機付けになります。ポニーは学ぶための触媒になるのです。」子どもたちは馬に関連する様々な科目を勉強する。解剖学、応急処置、防火、詩、弁論、野生生物、農業・畜産、馬具類、安全衛生、治安、交通安全、乗馬栄養学、寛大な訓練、ポニー用の草刈りなどがある。

ポニーの世話を学ぶことで、子どもたちには責任感が育つ。「子どもたちはまた、自分たちの行動と、身の回りの整頓作業で誇りの持ち方を学びます。例えば、子どもたちは自分のブーツの磨き方を学ぶ必要があります。ある母親が言うには、娘さんは学校のある日は服を着るのに手助けが大いに必要だったのに、土曜日には、自分で何とかきちんと服を着たそうです」とラングドンは説明した。

ワームウッド・ポニー・センターには成功体験の話が数えきれないほどある。そのほとんどは、馬たちに応えて大きな課題に立ち向かう子どもたちの能力を映し出している。週4日特別学校に通い、5日目にポニー・センターに通うある少女の成果について、ラングドンは語った。「ポニー・センターに通うようになってから、その少女の学校での成績が大いに改善されたのです。ポニー・センターで、大人になって有利なスタートを切れるような職業技能を学んでいます。公認プログラムにも参加しています。それは馬関連のもので……そして基礎科学コースにも参加しており、それも馬関連です。」

深刻な身体障害の子どもたちは、「1、2、3、歩け。1、2、3、止まれ。」と発声する乗馬活動によって数を数えることを学んだ。そして、ある小さな男の子は、絵筆をとったことはなかったが、「馬の絵を描く」授業に夢中になり、本物の馬の横でスポンジブラシで絵を書いた。ラングドンはまた、子どもたちが大きな鏡の前で満足そうにポニーにまたがって、乗馬の動作を倣ったり、一体感を養うなどの学習活動について生き生きと話す。

生徒たちの成功は有名人のクレア・バルディングにとって喜ばしいことで、2015年にポニーのシミュレーターを初めてセンターに設置した。この電動馬は教育と訓練に今も用いられている。ラングドンと仲間のボランティア教師たちの類まれな仕事ぶりは、アン王女の注意を引き、2014年にセンターへの特別訪問がおこなわれた。2015年にはセンターはボランティア活動に対する女王賞を賜った。この賞は大英帝国五等勲爵士と同等

「来る日も来る日も、学問的な卓越性と温かい歓迎の雰囲気が作り出されていました。私にはどうやってそれらが作り出されていたのかわかりません。私はあらゆるクラスの変化を見るだけでした。私は全クラスを代表して言います。『ありがとう。本当にありがとう。』」

L.D.
ハリファックス・クレメンテ・ヒューマニティーズ 101、2011 年のクラス

であり、慈善事業、公共サービス、芸術と科学への特別貢献が認められての受賞である。

＊クレメンテ・プログラム

2014年、全米人文科学基金賞がクレメンテ人文科学コース（CCH）に授与され、文化的、社会的、経済的なチャンスを与えられなかった人びとをはじめ、すべての人びとに人文科学教育が授けられるべきと信じる教師たちの努力が認められた。

クレメンテ人文科学コースは、アメリカの20の都市と韓国、オーストラリア、カナダで運営されていて、1995年に社会評論家で『自由の芸術──社会的弱者への人文科学教育』の著者のアール・ショリスによって設立された。アメリカ野球のオールスター選手で、ラテンアメリカとカリブ諸国で慈善事業を熱心に推進したロベルト・クレメンテにちなんで名づけられた、このプログラムは、公認の人文科学教育をアメリカの至るところで無償で提供している。経済的、個人的境遇により社会で無視されてきた人びとに、カレッジでさらに教育を受ける可能性を開き、自分自身の人生を向上させる手段を与えて力づけている。

ハーレムのCCHの哲学科のある生徒は、このプログラムを次のように言った。「人間性の美徳への記念碑です。一見するとボックスに人びとがいるだけの部屋ですが、誰かに率直に私たちのしていることを質問されたら、私たちは学び、考え、書いていると答えます。」

クレメンテ・コースの特徴は、教師たちが非常に献身的であり、生徒たちに大変尊敬されていることである。ボストンのクレメンテ・プログラムで、9月学期の1年生の生徒たちが楽しそうにドーチェスター・ホールに集合して、「良い教師」の特徴を生徒たちは検討した。生徒たちが教師を尊敬する点は、情熱、献身、忍耐、優しさである。最高の教師は、教育の価値を生徒たちに信じさせてくれた家族だったとの意見で一致した。ある女性の学生が、トリニダードで父親が「本を煮て、お前に飲ませたい」とよく言っていたと述べた。今息子が自分を励まして、いろいろなやり方で新しいことを教えるように、父は学び続けるように励ました。

「クレメンテ人文科学コースに通うことは、恵まれない人生を送ってきた成人たちの人生を改善することになる。クレメンテ・コースは無償で人文科学の教育を何千もの男性女性たちに提供して、人びとの人生を豊かにし、地平を広げている。」

ホワイトハウス　抜粋　2014年

教職について熟考し、クレメンテの生徒たちは、学校の教師たちが生徒たちに大いに期待し、よい手本でもあったと知った。教職は使命感のある仕事で、良い教師はカリキュラム以上のことを教えていることに賛同した。「彼らは愛と情熱と力強さを持って取り組む。」

秋の夕暮にドーチェスターの教室に集まった生徒たちは、自らの人生を変えることに着手していることに気付き、勉強に戻ることにした。クレメンテ人文科学のモジュール方式の4単位を取れば、一流のバード・カレッジで認められる。英文学の単位はアン・マーフィ教授が教えているが、マーフィが言うには、たとえ最後までこのコースをやり遂げられなくても、「間違いなく人生は変わる……生徒たちは経験で変わるのに気付く。」

マーフィは、アサンプション・カレッジから来た英文学の教授で、クレメンテ・プログラムの夜間コースに何年かいた。ほかのニューイングランド州の大学から来た教授たちと一緒にいるが、なかにはボストン・カレッジやハーバードの教授もいる。「生徒たちは『本や思想について話すチャンス』──カレッジに通う中流階級の生徒たちには当たり前のこと──を本当に楽しんでいる」と言う。クレメンテの生徒たちがカレッジの学部生よりもやや年長なのは強みと思っている。「クレメンテの生徒たちは勉強を資格ではなく、名誉として捉えています。生徒たちは熟考と成熟で文学に反応します。生徒たちの人生経験が勉強の意味の理解に役立っています。」

教師と芸術

下：
教師のジョナス・バストン。芸術教育に対して与えられるブラボー賞の受賞者。バストンは教室での授業の教授法として演劇を用いる。カリフォルニア州にある学校で生徒たちと活動している様子。

　教職の革新は科学技術者の領域だけではない。芸術分野で働いている多くの教師たちは教職に特異な貢献をしてきた。彼らもまた人びとの生活を変化させ、生徒たちにひときわ信頼されている。

演技の教育

　俳優のアル・パチーノは演劇の先生が自分の人生のすべてを変えてくれたと信じている。ブロンクスで祖母に育てられ、学校での成績は悪かったが、演技の才能を示した。

　「この先生、ブランチ・ロススタインという演劇の先生だよ。先生は祖母に話をするために僕のアパートに来て、僕のことを祖母に語ったんだ。今もって、話の内容は知らないが、ふたりは僕を俳優にさせようと話したと思う。実際、先生は思い切って祖母に話をしてくれた。
　これが今日に至るまで、『先生だ！』と言うわけだ。誰かが『先生』と言うと僕の目が輝くわけだ。僕がしていたことを先生が認め、本当の希望がそこにあると言ってくれたのは、まさにこのサウスブロンクスの公立学校でのことだった。」
アーリーン・アルダ著『ブロンクス出のただのガキ』

　コンスタンチン・スタニスラフスキーや、リー・ストラスバーグなどの演劇教師たちは、その分野の革新者で、出演生徒たちが学ぶ専門技能を向上させた。ロンドンの王立演劇学校（RADA）やニューヨークのジュリアード・カレッジなどの演劇芸術学校には、生徒たちのために演劇の学位が準備されていて、教師たちは、所作、発声、演技、劇場史などの領域の授業を行っている。

　芸術分野の歴史の研究は専門技術や特殊技能の研究同様に高く評価されてきた。音楽、演劇、芸術のカレッジでは、教師たちは、深い学問的理解を専門の実践訓練に導入している。

教師と芸術

「リーの偉大な才能は、教育と感動的な指導であり……」

シェリル・クロフォード
プロデューサー／ディレクター　リー・ストラスバーグについて

　偉大な演劇教師の影響力は、生徒がカレッジから卒業するか成功しても、消えない。多くの有名な俳優が演劇教師たちに助言や演技についての意見を求めている。アカデミー賞受賞のイギリス人俳優エディ・レッドメインは学校の演劇の先生に今でも助言してもらっている。彼が言うには、「最も偉大な演劇の先生がいる……役作りに意見を役立てたいと思ったら、先生の助言を求め、先生と一緒に役作りをして行く。」彼は『博士と彼女のセオリー』でスティーヴン・ホーキングを演じてアカデミー賞を受賞し、『リリーのすべて』での演技で激賞された。トム・ハンクスもまた『フィラデルフィア』での演技でアカデミー賞を受賞した際に、高校の演劇の教師の影響を受けていることを認めており、「……劇場での仕事は芸術であり、追求に価する人生だと先生は教えてくれた」と語った。

上：
革新的な演劇教師、リー・ストラスバーグ。
『ゴッド・ファーザー』でアル・パチーノと共演。
1974年。

171

視覚芸術の教育

アイルランドの芸術デザイン専門学校（NCAD）で、フィオナ・ラウネインは視覚文化を教えており、美術と芸術史の自分の研究を利用している。教えることのほか、調査研究に基づいた教授法の確立にも熱心である。

多くの教師と同じように、ラウネインが生徒の時に刺激的な教師がいた。彫刻家で教師のロッホラン・オホーアがラウネインの作品に影響を与えた。オホーアはとても要求度が高く、よく厳しい批評をしたが、ラウネインに自分の作品の価値の高さを実感させてくれた。オホーアの教育の影響から、ラウネインは視覚文化の講師および研究者としてのキャリアを追求し、学部生や大学院生を教えている。自身の教授法をとてもオープンだと述べている。つまりラウネインは、議論を促進するのと、生徒たちが「イメージや文章を批評的に議論する」のを後押しするのを好む。自分の基準が高いのはわかっているが、生徒たちの作品に建設的なコメントをしようと努めている。

多くのアート・カレッジの教師と同じように、ラウネインは、若者たちの多くが視覚認識能力が比較的低く、講師や教師に革新性が求められていることを意識している。「デジタル時代でイメージの流通量が激増していて、若者の自己形成に視覚文化が役割を果たしているにもかかわらず、入学前に視覚文化の科目に没頭していた生徒は少ない」とラウネインは言う。つまり、彼女の指導は、生徒たちにイメージの力に気付かせる刺激を与えるだけでなく、批評的な考え方も教えることになる。こう結論づけた。「私の指導の鍵となる目標は、生徒たちにイメー

下：
芸術の授業で議論する生徒と教師。

「あらゆる子どもは芸術家である。問題はいったん成長した時に、いかにして芸術家であり続けられるかだ。」

パブロ・ピカソ

上：
タチアーナ・シャポバロバ、ロシアの絵画学校「ルック」のリグ。
シティ・パレス・オブ・チルドレンズ・アンド・ジュニア・アーツで子ども向けのホビー・サークルを開催し、子どもたちを教えている。

ジを批評的に考えさせることであり、それには勉強した視覚的な実践、読んだテキスト、そして生徒たち自身の先入観や判断について質問することです。」

有名な芸術教師

多くの芸術家が芸術教師たちに刺激を与え続けた。ロシア系フランス人の芸術家マルク・シャガール（1887～1985）は、ロシアのユダヤ人少年たちの救護施設で一年間芸術を教えた。そして、アメリカのモダニズムの母ジョージア・オキーフ（1887～1986）は、1912～14年にテキサス州の公立学校制度で2年間絵画を教えた。それからコロンビア大学のティーチャーズ・カレッジに行き、その後サウスカロライナ州のコロンビア・カレッジで教えた。1916年にウェスト・テキサス・ステート・カレッジで芸術部門の長となった。ポップ・アーティストのコリータ・ケント（1918～86）は、市民権運動のポスターや反戦の壁画がアメリカ各地で知られているが、ロサンゼルスのイマキュレイト・ハート・カレッジの教師だった。その後そこの芸術学部長となった。ハーレムの画家で繊維工芸家のフェイス・リンゴールド（1930～）はカレッジで教える前はニューヨーク・シティ公立学校制度で教えていた。カリフォルニア大学名誉教授である。

173

教職の現在と未来

教師、テクノロジー、そして変化

ソーシャルメディアとテクノロジーの急速な変化で、コンピューター科学者とデザイナーがデジタルの力を教育目的に活かすために、教師たちと一緒に仕事をしている。オンライン学習とムークス（MOOCs 大規模公開オンライン講座）の拡大は、教室が仮想空間としてモデルチェンジされていることを意味する。教師は遠隔地の生徒とつながることが出来、数か国から人びとを集めてオンライン授業が行える。

下：
マイクロソフトの設立者、ビル・ゲイツ。

「テクノロジーは道具にすぎない。子どもたちを一緒に活動させ、やる気にさせることに関しては、教師が最も重要だ。」

ビル・ゲイツ

オンライン学習で教師がほとんど不用になると感じている教師がいるが、教育者のほとんどは、学校教育——オンラインでもリアルタイムでも——の経験に教師は重要だと認識している。

ゲームと教育

テクノロジーの道具を使えば、デザイナーは教師を支援するゲームと仮想世界をつくることが出来る。ワンダ・グレゴリー博士はワシントン大学シリアスプレイ・センターの所長で、学習や健康などの文脈でのテクノロジーとゲームの使用を開発するため、産業分野のパートナーと協働研究をしている。玩具メーカーのハズブロとゲーム出版社のウィザーズ・オブ・ザ・コーストでシニア・ディレクター／エグゼクティブ・プロデューサーとして長く勤めた経験があり、Xボックスの開発段階でマイクロソフトとも協働した。テクノロジーの道具と「ゲーミフィケーション」は学校教育で用いられているが、「まだあまりに早期なのでこの分野での革新がもたらす直接で測定可能な結果を予測することは出来ない」と考えている。

グレゴリーは多くの親たちと教師たちが「エデュテインメント」として知られている特に幼児向けの学習ゲームとおもちゃを使っていることを知っている。優れたゲームもあるが、ゲームが教師の代わりになれるとは信じていない。むしろ、「双方満足するには、教師が双方向メディアを好奇心を刺激するためと……扉を開くために使うこと」だと言う。また、教師たちは生徒たちの理解

教師、テクノロジー、そして変化

を高めるのにゲームとオンライン学習を利用できると信じている。その場合も、教師たちは、学習状況の全体を管理する極めて重要な役割を果たすものとして、なお必要だと断言する。

学校で生徒たちがオンラインで調査研究をするときに、教師があらかじめ批判的にレポートを書くように計画しない限り、学生にとってオンラインの調査研究はほとんど役に立たないとグレゴリーは言っている。グレゴリーは双方向メディアと起業家精神を教え、教育へのゲームの応用を研究している。教師でもある多くの研究者と同じように、グレゴリーは教育的経験値での教師の中心的役割を確信している。

上：
ムークス（MOOCs 大規模公開オンライン講座）の登場。
コンピューターとインターネットへの接続環境があれば、多くの大学が提供するオンライン講座を生徒たちはすぐに受けることが出来る。

教師としての博物館・美術館

　教師たちは教育的な博物館・美術館と子ども向け博物館・美術館の設立や企画に関わってきた。今日の博物館・美術館を教育の強力な源泉だと認識し、学校のカリキュラムとは異なったタイプの展覧会や学習活動を考案することで、博物館・美術館は応えてきた。

最初の教育的な博物館・美術館

　1899年に設立されたブルックリン児童博物館は、その種の最初のものだった。都会の子どもたちが自然科学を学ぶ場として設立されたが、文化や技術の分野も含めたものに拡大した。1930年代は雇用対策局の支援を受けた。同局は公共事業で何百万人も雇用しようというニューディール政策の機関であった。結果として大恐慌の間も繁栄し、1939年までに900万人以上が来館した。

　1913年までボストン科学教育局は、女性教育協会とともに、ボストン児童博物館の開館への支援を十二分に行った。設立の目的は「……自然物体、本、絵画、写真、図表、スライドなど、小学校、高校や普通学校での科学の勉強に役立つものなら何でも」提供することだった。展示は子どもの目の高さに合わせて配置され、貝殻、鉱物や鳥なども展示された。博物館教育の便益を拡大するため、ボストン東部と南部の学校にも博物館の分館が置かれた。ベンジャミン・スポック博士の息子のマイケル・スポックの指導の下、実践学習のエリア

右：
ボストン・チルドレンズ・ミュージアムにて。
双方向学習は子どもたちが科学をよく理解するのに役立つ。

教師としての博物館・美術館

上：
ケベックにあるカナディアン・チルドレンズ・ミュージアム。
子どもたちに世界旅行を教えるように教育的体験学習が実施されている。
写真では、子どもたちがミュージアムのパキスタン・バスに乗っている。

を刷新し、双方向性の展示を発展させた。常設展示のひとつは、幼稚園教室のモデルで、幼稚園教育について子どもたちや親たちが教師に質問することが出来る。「ジャパニーズ・ハウス」はここの人気のゾーンで、来場者が日本の文化について学ぶことが出来る。

博物館・美術館と教師たち

　ロンドンでは、V&A（ヴィクトリア＆アルバート）子ども博物館は、小・中学校の教師たちや生徒たちと関わり、教育セッションがカリキュラムを補完している。子どもたちはまた、博物館の学芸員の技能を学べ、素材とデザインの識別方法や時系列構成の作り方を教えてもらえる。追加学習が必要な子どもたちが、学習活動を深めたり双方向ツールで調査研究するために静かな環境を望むことがあるので、「静寂の日」を設け、子ども向けの短い教育セッションを行っている。ロンドンの各病院学校に出張セッションも行っている。

　日本の浜田市世界こども美術館もまた、教師たちと連携して活動し、学校のカリキュラムを支援している。教師たちと子どもたちが芸術作品を研究して、協働して創作プロジェクトが行える「美術館学校」プログラムを実施している。

　オーストラリアは大学が子ども向けの博物館教育に関与できる道を開いた。ウロンゴン大学では、2015年に早期スタート発見空間が始まり、ニューサウスウェールズ研究会議の概要のために計画された双方向型体験学習が実施された。子どもたちは船のかじ取りや航海を学んだり、ふくれあがった巨大なインフレータブル・バルーン「おなか」のなかに入って消化の仕組みを見るガイドツアーに参加する。

177

教職の現在と未来

称賛される教師たち

　世界中で毎年、それぞれ子ども、若者、成人対象の教育と自己啓発に対しての教師たちの貢献を称えた賞の授与がおこなわれる。そして、現在、10月5日は国連世界教師デーとなっている。

国連世界教師デー

　1994年、世界中の教師たちの貢献を記念して、最初の世界教師デーが10月5日に実施された。毎年この日には、教師たちを称える行事や会議が世界中で実施される。日本、イギリス、ニュージーランド、インド、アメリカ、カナダ、オーストラリアをはじめ多くの国で、各種団体や労働組合が祝賀を支援している。ユネスコ（UNESCO）は教師たちの働きを記念し、ユネスコの2020年までの達成目標である普遍的教育に、教師たちが大きく貢献し、教育上の性差別をなくす資格を与える必要性を強調するための祝賀行事を奨励している。

　教育に貢献した国民的人物を記念して、教師デーを別の日付にしている国もいくつかある。例えば、インドの教師デーはサルヴパッリー・ラーダークリシュナンの誕生日である9月5日だが、この人物は哲学者で学者であり、1962〜67年まで大統領を務めた。

教師たちへの表彰

　アメリカでは、ザ・ナショナル・ティーチャー・

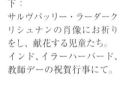

下：
サルヴパッリー・ラーダークリシュナンの肖像にお祈りをし、献花する児童たち。インド、イラーハーバード、教師デーの祝賀行事にて。

オブ・ザ・イヤー（NTOY）の授与が1952年に始まったが、これは優れた教育活動に注目したもので、最も古い国民的名誉の賞である。全米規模の委員会が各州のザ・ステート・ティーチャーズ・オブ・ザ・イヤーの中からザ・ナショナル・ティーチャーズ・オブ・ザ・イヤーを選出する。NTOYに選ばれる教師は、格別の献身があり、学習意欲を起こさせ、生徒たち、親たち、同僚たちから尊敬され、称賛されるような人物でなくてはならない。

インドでは教師を表彰する国家的な賞が1958年に設けられた。賞は374あり、州や組合や地域や組織ごとに教師の人数に基づいて授与される。特別賞もあり、包括的教育を促進している教師と、障害のある子どもたちの教育に携わっている教師に授与される。賞の授与式は毎年、9月5日の教師デーにおこなわれる。インドの中等教育中央委員会も例年、賞を授与している。

オーストラリアでは、オーストラリア育英会（ASG）が教師たちに年に一度賞を授与している。ASGは国民教育栄誉賞を後援し、地域の人びとが学習意欲を起こさせる校長たちや教師たちへの感謝の意を表す機会としている。2014年に受賞したデブ・デリックによると、委員会関連の仕事と、保護者との連絡と、教えるべきテクノロジーや教科の増加など、教師に求められることは増大している。しかしながら、教師たちは仕事にとても真面目に取り組み、生徒たちに十分に気を配っているとデリックは語る。

スポーツの教師とプロのコーチもまた賞を授与される。BBCスポーツ・パーソナリティ・オブ・ザ・イヤーのコーチ賞は世界的なスポーツ・コーチに授与される。エンゾ・カルザゲは息子でボクサーのジョー・カルザゲを育てたことに対し、BBCコーチ賞と、MBE（大英帝国勲章のひとつ）が授与された。サイクリング・コーチのデビッド・ジョン・ブレイルスフォードCBE（大英帝国三等勲爵士）も、BBCコーチ賞を受賞した。

上：
スティーヴン・リッツとグリーン・ブロンクス・マシーン・プロジェクトは持続可能な生活と食糧生産についての教育を提供している。

教師たちは州や地域からも賞を授与され、格別な教育活動に感謝の意が表される。2011年にメキシコの学校教師、マーサ・リベラ・アラニスは州知事から勇気に対する特別賞を授与された。アラニスが働いていたモンテレイ校から一ブロック離れたところで銃撃戦が起きた際、15人の子どもたちを落ち着かせて保護した。銃声から子どもたちの注意をそらすため、子どもたちを床に伏せさせ、歌を歌うよう指導した。

ニューヨーク市では、スティーヴン・リッツの生徒たちとの活動に、賞が授与された。その活動に庭造りがある。サウスブロンクスの第55公立学校の教師であるリッツの、都市を再開発して食糧を生産するというアイディアは、学校の生徒たちに注目に価する影響をもたらし、グリーン・ブロンクス・マシーンという場所を拠点に健康センターをリッツは始めた。

「千日の勤学より一時の名匠」　　日本のことわざ

教職の現在と未来

教育の擁護者

多くの有名な公人が教師として働いた。作家、俳優、政治家、有名なアスリートが、教育専門職に貢献してきた。有名人となってもなお教え続けた人もいれば、活躍する教育者の支援者となった人もいる。

公人となった教師たちの多くが、若者の教育への献身だけでなく、教師の支援への献身も行動で示した。公人となった教師たちは教職を擁護し、世界中の教育者たちに感謝を示した。

*マヤ・アンジェロウ（1928～2014）

教師で作家のマヤ・アンジェロウが86歳で亡くなった時、ノースカロライナ州のウェイクフォレスト大学での生徒たちとの交流の並外れた能力に対して、数えきれない賛辞が贈られた。自分のことを、「私は教師をしている作家ではなく、作家をしている教師です」と言った。詩とシェイクスピアを教え、人種や政治の問題を分析するコースを多く教えた。生徒たちに自分の意見を言うように励まし、こう言った。「何でも言ってよいのです……大事なのは、それを守ることであり、立場に固執せず、真実を探すことを愛するのです。」

*デヴィッド・パットナム（1941～）

名高い映画プロデューサーのデヴィッド・パットナムは教育の革新の熱心な推進派である。1990年代後半に教育のイニシアティブと環境保護に集中するため、映画プロダクションを退職した。1998年、U.K.国民教育栄誉賞を設立し、また、国立映画テレビ学校の校長となった。シェイクスピア・スクールズ・フェスティバル（SSF）の後援者であるが、これはイギリス最大の青少年演劇祭である。SSFの参加者たちはシェイクスピアの要約版の演劇を行い、2000年の開始以来、4842人の教師兼ディレクターと共に運営されてきた。小説家で元教師のフィリップ・ノルマンも後援者である。

*J.K.ローリング（1965～）

ベストセラー小説『ハリーポッターと賢者の石』を書いていた時、短期間ポルトガルで英語の教師として働いていた。教職を離れ、文筆家として大成功したが、教育に興味を失ったわけではなく、クリストファー・モーガンが1997年に設立したスコットランドの慈善団体で、刑務所で朗読を教えるシャノン・トラストを支援している。モーガンはこの朗読プログラムと相互教育制度を発展させて成人と青少年に朗読を教えた。その働きは結果として、自尊心を育て、刑務所での行動を改善した。

左から右へ：
イギリス人小説家で、元教師のJ.K.ローリングとフィリップ・プルマン。
パキスタン人のノーベル賞受賞者マララ・ユスフザイは、女性の教育を擁護している。
アメリカのボブスレーのオリンピック・ゴールドメダリスト、スティーヴ・メスラーは、オリンピック選手やパラリンピック選手、スポーツ指導者らが学校でアドバイスをおこなうNPO団体、クラスルーム・チャンピオンズの共同設立者でその長である。

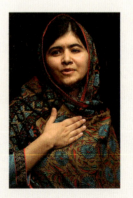

教育の擁護者

左：
シェイクスピア・スクールズ・フェスティバルで演じる生徒たち。

左下：
映画プロデューサーのデヴィッド・パットナムはシェイクスピア・スクールズ・フェスティバルの後援者で、国民教育栄誉賞の設立者で、国立映画テレビ学校の元校長。

下：
マヤ・アンジェロウは1985年の卒業式で若い観衆に次のように語った。「恐れずに愛しなさい。……恐れず気配りをしなさい……恐れずに重要な人物となり、恐れずにそれを認めなさい。」

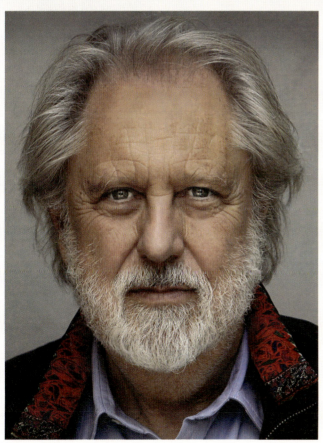

「せいぜい教えることしかできないというのはいけません。
天職だと思って教えなさい。」

マヤ・アンジェロウ

181

参考文献

本・記事

Ade Ajayi, J.F. *General History of Africa*, Vol. 6. UNESCO/J. Curry, 1998.

Alda, Arlene. *Just Kids from the Bronx: Telling it the Way it Was.* NY: Holt & Co., 2015.

Alexander, Kristine 'Education during the First World War' www.wartimecanada.ca/essay/learning/education-during-first-world-war Accessed 4 November 2015.

Brown, Hubert O. 'Teachers and Teaching', in A. Postiglione and Wing On Lee, *Schooling in Hong Kong.* Hong Kong: Hong Kong University Press, 1998.

Burke, Catherine. *A Life in Education and Architecture: Mary Beaumont Medd*. London: Ashgate, 2013.

Clegg, Luther Bryan (ed.). *The Empty Schoolhouse: Memories of One-Room Texas Schools*. Texas: Texas A&M University Press, 1997.

Dalton, Mary M. *The Hollywood Curriculum: Teachers in the Movies*. NY and Oxford: Peter Lang, 2004.

Dewey, J. *Democracy and education: An introduction to the philosophy of education* (First published: 1916).

Else, Anne. *Listen to the Teacher: An Oral History of Women Who Taught in New Zealand, 1925–1945*. The Society, 1986.

Enss, Chris. *Frontier Teachers*. Connecticut and Montana: Morris Book Publishing, 2008.

Grant, Edward. *God and Reason in the Middle Ages*. Cambridge: Cambridge University Press, 2001.

Guthrie, James M. *Encyclopedia of Education*, Vols 1–8. New York: Macmillan, 2003.

Harrington, Joel. *The Unwanted Child: the Fate of Foundlings, Orphans and Juvenile Criminals in Early Modern Germany*. USA: University of Chicago Press, 2009.

Himola, Antti. 'The Sloyd Teachers' Working Methods in Finnish Comprehensive Schools.' *Procedia–Social and Behavioral Sciences*. Vol 45, 2012, pp. 41–53. Available at www.sciencedirect.com/science/article/pii/S187704281202277X Accessed 6 Nov 2015.

Maynes, Mary Jo. *Schooling in Western Europe: a Social History*. Albany: SUNY, 1985.

McManus, Antonia. *The Irish Hedge School and its Books.* Dublin: Four Courts Press, 2004.

Millar, Anne. 'Education during the Second World War.' www.wartimecanada.ca/essay/learning/education-during-second-world-war Accessed 4 November 2015.

Montessori, Maria. *The Montessori Method* (English edition, 1912).

Murphy, Ann and D. Raftery. *Emily Davies 1861–1875: Collected Letters*. USA: University of Virginia Press, 2002.

Paietta, Ann C. *Teachers in the Movies: A Filmography*. USA and UK: McFarland & Co., 2007.

Pearsall, Ronald. *Night's Black Angels: The Forms and Faces of Victorian Cruelty*. London: 1975.

Parkes, Susan. *Kildare Place: The History of the Church of Ireland Training College and College of Education 1811–2010*. Dublin: CICE. 2011.

Raftery, Deirdre. 'Teaching as a profession for first-generation women graduates: a comparison of sources from Ireland, England and North America'. *Irish Educational Studies*, Vol.16, 1997.

Raftery, Deirdre. *Women and Learning in English Writing, 1600–1900*. Dublin: Four Courts Press, 1996.

Raftery, Deirdre. "Home Education in Nineteenth Century Ireland: The Role and Status of the Governess." *Irish Educational Studies* 19, no. 1 (2000): 308–17.

Raftery, Deirdre. "The Academic Formation of the Fin De Siecle Female: Schooling for Girls in Late Nineteenth Century Ireland." Irish Educational Studies 20, no. 1 (2001): 321–34.

Raftery, Deirdre and Susan Parkes. *Female Education in Ireland, 1700–1900: Minerva or Madonna?* Dublin and Portland, Oregon: I.A.P. 2007.

Raftery, Deirdre, Jane McDermid, and Gareth Elwyn Jones. "Social Change and Education in Ireland, Scotland and Wales: Historiography on Nineteenth-Century Schooling." *History of Education* 36, no. 4–5 (2007): 447–63.

Raftery, Deirdre, and Catherine Nowlan Roebuck. "Convent Schools and National Education in Nineteenth-Century Ireland: Negotiating a Place within a Nondenominational System." *History of Education* 36, no. 3 (2007): 353–65.

Raftery, Deirdre, Judith Harford, and Susan M. Parkes. "Mapping the Terrain of Female Education in Ireland, 1830–1910." *Gender and Education* 22, no. 5 (2010): 565–78.

Raftery, Deirdre. "Religions and the History of Education: A Historiography." *History of Education* 41, no. 1 (2012): 41–56.

Raftery, Deirdre. "The 'mission' of Nuns in Female Education in Ireland, c.1850–1950." *Paedagogica Historica* 48, no. 2 (2012): 299–313.

Raftery, Deirdre and Karin Fischer (eds), *Educating Ireland: Schooling and Social Change, 1700–2000*. Dublin: Irish Academic Press, 2014.

Rusk, Robert. *Doctrines of the Great Educators*. London: Macmillan and Co., 1918.

Simon, Judith, and Linda Tuhiwai Smith (eds). *A Civilizing Mission? Perceptions and Representations of the New Zealand Native Schools System*. NZ: Auckland University Press, 2001.

Steinbach, Susie. *Women in England 1760–1914: A Social History*. Weidenfeld and Nicolson, 2003.

Strieb, Lynne. *A (Philadelphia) Teacher's Journal*. USA: University of North Dakota, 1985.

Tucker, G. Richard, and David Corson. *Encyclopedia of Language and Education*. Vol 4. Toronto: Springer, 1997.

Whittaker, David J. *The Impact and Legacy of Educational Sloyd: Head and Hands in Harness*. Oxon.: Routledge, 2014.

Yorke, Lois K. "Edwards, Anna Harriette," in *Dictionary of Canadian Biography*, vol. 14, University of Toronto/Université Laval, 2003. www.biographi.ca/en/bio/edwards_anna_harriette_14E.html Accessed 19 January 2015.

さらに読み進める読者への参考本として
Select novels on the theme of teaching and education, 1916–2006

James Joyce, *Portrait of the Artist as a Young Man* (1916).
Antonia White, *Frost in May* (1933).
James Hilton, *Goodbye, Mr. Chips* (1934).
Dorothy L. Sayers, *Gaudy Night* (1935).
Kate O'Brien, *The Land of Spices* (1941).
Evelyn Waugh, *Brideshead Revisited* (1945).
Mary McCarthy, *The Groves of Academe* (1951).
Evan Hunter, *The Blackboard Jungle* (1954).
Kingsley Amis, *Lucky Jim* (1954).
John Knowles, *A Separate Peace* (1959).
Muriel Spark, *The Prime of Miss Jean Brodie* (1961).

Bel Kaufman, *Up the Down Staircase* (1964).
John Williams, *Stoner* (1965).
Joan Lindsay, *Picnic at Hanging Rock* (1967).
Tom Sharpe, *Porterhouse Blue* (1974).
Tobias Wolff, *Old School* (2003).
Zoë Heller, *Notes on a Scandal* (2003).
Zadie Smith, *On Beauty* (2005).
Frank McCourt, *Teacher Man* (2005).
Ian McEwan, *Solar* (2006).

映画作品
Films on the theme of teaching and education, 1920–2006

Schoolmaster Matsumoto (1920)
School of Life (1949)
Blackboard Jungle (1955)
The Miracle Worker (1962)
To Sir, with Love (1965)
The Prime of Miss Jean Brodie (1969)
Conrack (1974)
Fame (1980)
Teachers (1984)
Children of a Lesser God (1986)
Stand and Deliver (1988)
Lean on Me (1989)
Dead Poets Society (1989)
Sister Act (1992)
Sister Act 2: Back in the Habit (1993)
Renaissance Man (1994)
Dangerous Minds (1995)
Music of the Heart (1999)
The Chorus (2004)
Take the Lead (2006)

索　引

ア

『愛は静けさの中に』 147
アイルランド 16, 28, 48, 54, 56, 66, 68, 74, 90, 104, 106, 107, 134, 158, 172
アイルランド海洋協会 28
『青い夕闇』 134
青空教室の教師 48
『青表紙の綴り字読本』 35
『赤毛のアン』 148
アジアにおける宣教師・教師 58〜61
アシモ（ASIMO）、ロボット 160, 162
アシャンビ、スーザン 163〜165
アスカム、ロジャー 30, 31
アステル、メアリー 27
アダムズ、ジョン 34
アテネの教育 14
『アナとシャム王』 53
アフリカ系アメリカ人の教育 42〜43, 76〜79
アフリカにおける宣教師・教師 58〜61
アベラール、ピエール 18, 20
アマースト・カレッジ 35
アメリカ 32〜35, 40, 42〜47, 54, 56〜57, 62〜63, 66, 73, 74〜81, 86〜87, 90, 93, 96, 100〜101, 104〜105, 110〜111, 113, 116〜117, 120, 124〜126, 128, 131〜134, 137〜138, 142, 145〜150, 153, 158, 162〜166, 169〜170, 173〜176, 178〜179
アメリカ教育協会 44
アメリカ校庭軍 120, 121
アメリカ先住民 33, 43, 56, 62, 63〜64
『アメリカ先住民物語集』 63
アラニス、マーサ・リベラ 179
アリストテレス 12
アルジャントゥイユのエロイーズ 18
アルジャントゥイユの修道院 18
『あるスキャンダルの覚書』 133
『ある若いレディに宛てた、知性の涵養についての手紙』 27
アレキサンダー、クリスティン 122
アン王女 168
『アンジェラの灰』 134
アンジェロウ、マヤ 180, 181
アンティオク・カレッジ、オハイオ 66
アンドーヴァー・アカデミー 75

イ

イートン 127
イエール大学 32, 34, 35, 79
イエズス会 21
医学部、世界最古の 20
イギリス 16, 20, 24, 27〜28, 30〜31, 37, 40〜42, 46〜47, 52〜53, 61, 66, 68, 74, 80, 82〜86, 90〜91, 96, 106, 108〜109, 112, 118〜119, 120, 123, 127, 130〜133, 135〜138, 140, 141, 147, 150〜152, 154〜155, 158, 166〜168, 170, 177〜180
イタリア 12, 14, 16, 20, 26, 28, 33, 36, 93〜94, 96, 98, 103
一教室型学校 90, 101, 124〜125, 148, 150,
『いつも心に太陽を』 142〜143
イブライン・レーベ校、ロンドン 112
『いまを生きる』 143, 144, 145, 147
イリイチ、イヴァン 98〜99
インド 15, 47, 54〜55, 58, 107, 178〜179,

ウ

ヴァルドルフ学校 92〜93
V&A子ども博物館 177
ウィーロック、エリエザー 34
ウィカム・アビー・スクール 80
ヴィクトリア女王 66
ヴィスヴァ＝バーラティ大学 107
ウィノナ州立大学 44
ウイリアム・アンド・メアリー・カレッジ 34
ウイリアム・ペン・チャーター・スクール 32
ウィリアムズ、エムリン 148
ウィリアムズ、ジョン 134
ヴェア・フォスター練習帳 87
ウェールズの巡回学校 68
ウエストフィールド・カレッジ 80
ウエストミンスター・スクール 37
ウエブスター、ノア 35
ウエブスター辞典 35
ウエルズリー・カレッジ 80
ウォー、イーヴリン 136
ウォルコット、デレック 158
『美しい文字、または書記の喜び』 31
ウルストンクラフト、メアリー 25
ウルスラ・アカデミー 33
ウルスラ会の修道女 32〜33, 54
ウルフ、トバイアス 139
ウロンゴン大学 177

エ

映画の中の教師 142〜147
『英語文法講座』 35
エジプト、古代 12, 16
エデュテインメント 174
エドワード6世（イングランド） 30
エマーソン高等学校、オクラホマシティ 87
エマニュエル・カレッジ、ケンブリッジ 30
『エミール、または教育について』 25
エラスムス、デジデリウス 24, 26
エリザベス1世（イングランド） 30, 31
エルサレム 97
演技の教育 170〜171
鉛筆 86

オ

『王様と私』 52, 53
王の学校 30
王立演劇学校（RADA） 170
オーストラリア 54〜56, 64〜65, 74, 96, 101, 131, 139, 169, 177〜179
オーストリア 92, 97, 98, 153
オーリヤックのジェルベール 20
『オールド・スクール』 139
オールフォード・ホール・モナガン・モリス 91
オキーフ、ジョージア 173
『落ちこぼれの天使たち』 143
『夫の責務』 24
オバマ、バラク 34
オブライエン、ケイト 138
『おやすみなさい、トムさん』 131
オランダ 24, 26
『オリバー・ツイスト』 151
オルダシー、メアリー・アン 61
オンライン学習 174〜175

カ

カー、デボラ 53
カーキーク、ドロシー 127
カーサ・デ・バンビーニ（子どもたちの家） 94
カーター、エリザベス 27
カーターズヴィル女子高等学校 61
ガートン・カレッジ、ケンブリッジ 80, 85
ガートン・パイオニア 80
カーライル実業学校 62〜63
外国伝道アメリカ委員会 58
カヴァデール、マイルズ 24
ガヴァネス 50〜53
ガヴァネス互恵協会 52
ガヴィン・ジャミラ 28
カウフマン、ベル 133
ガウン、教師の 36
カウンツ、ジョージ S. 116, 118
書くことの始まり 12
『学寮祭の夜』 136
『学校』 123
『学校教師』 30, 31
『学校でおこなうスロイド』 102
『学校の維持に関する女性教師への講義』 44
学校用家具、教室 90
活版印刷の衝撃 22
カトリック教会と19世紀アイルランドの教育 48
カトリック教会と中世の教育 16〜20
カナダ 54, 56, 60, 101, 114, 122〜123, 131, 150, 178〜179
カナディアン・チルドレンズ・ミュージアム 177
『空っぽの教室』 125
韓国 96, 113, 169

索引

カンタベリー大聖堂附属学校　20

キ

寄宿舎学校を舞台とした物語　138〜139
『奇跡の人』　147
北アメリカ　→　アメリカ、カナダ
ギフト、フレーベル　72〜73
ギャレット、エリザベス　85
キャンパス文学　136〜137
教育哲学　24〜25
教育と社会的規制、19世紀　40
『教育の改良』　46
『教育の計画』　27
『教育の実験』　47
教員養成　44, 48, 74〜75, 82〜84, 114, 116〜119
教師と芸術　170〜173
教師としてのカトリック修道女　54〜57
教師としての博物館・美術館　176〜177
教師に授与される国家的な賞、インド　179
教師の服装　36〜37
『虚栄の市』　50
ギリシア、古代　14
『キリスト教君主の教育』　24
『キリスト教女性の教育』　24
キリスト教知識普及協会　40〜41
キルディア・プレイス・ソサエティ　48
『キングズ・プライマー（王の定めた読本）』　30
ギングズリー、エイミス　137
近世　22〜35

ク

クイーンズ・カレッジ、ロンドン　82, 83
グーグルグラス　161, 162
グーテンベルク、ヨハネス　22, 23
クエーカーの教師たち　32, 46
『下り階段のぼれ』　133
クライスツ・ホスピタル　31, 41
クラスルーム・チャンピオンズ・プログラム　180
グラッツ、レベッカ　43
『グラティアヌス教令集』　16, 17
グラマー・スクールの設立　30
『グランジヒル』　151〜152
グリーンデール・コミュニティ・スクール、ダブリン　131
クリフトン、ケニー　164
『クルーレス』　153
クルソン、ロベール・ド　21
グレイヴズ、メアリー・アン　81
グレート・フォールズ女子短期大学、モンタナ　33
グレゴリー博士、ワンダ　174〜175
クレッグ、L.B.　125
クレメンテ、ロベルト　169
クレメンテ・プログラム　169
クレメンテ人文科学コース　169

ケ

計算機　89, 90
芸術とデザインのナショナル・カレッジ、アイルランド（NCAD）　172
KPSモデル校　48
ゲームと教育　174〜175
ケネディ、ジョン・F　34
ケベックとウルスラ会　33
ケラー、ヘレン・アダムス　147
『現代の女性教育への非難』　40
ケント、コリータ　173

コ

『交換教授』　137
公共事業推進局　126, 176
孔子　15
公立学校　66, 68
『公立学校ジャーナル』　66
『コーブルグ・ペンタテューク』　21
『コーラス』　145, 147
コーラム、トマス　28, 29
『コーラム・ボーイ』　28
ゴールディング、ウィリアム　135
『五月の霜』　138
国際基督教大学、東京　36
黒人学生のための学校、フィラデルフィア・インスティテュート　79
黒板　44, 45, 86, 87
国民教育栄誉賞、オーストラリア　179
国連世界教師デー　178〜179
孤児のためのホーム　28
孤児養育院　28
コップ、ウェンディ　163
こて板　36
『子どもの作法のための手引書』　24
子どものためのトマス・コーラム基金　28
コピン、ファニー・ジャクソン　79
『小麦は緑』　148
コメニウス、ヤン・アモス　24〜25
コルコラン、女子修道院長、ミシェル　54〜55
コロンビア・カレッジ　34
コロンビア大学　37, 74, 75, 104, 116, 173
『コンラック』　143

サ

『ザ・グローブズ・オブ・アカデミー』　137
『ザ・ランド・オブ・スパイス』　138
『サー・アイザック・ニュートンの哲学、女性たちに向けた解説』　27
サール、ロナルド　140
サウスオール、メイシー　113
サウンド・オブ・ミュージック　155
『殺人機械』　106
ザビエル、フランシスコ　21
『サマーヒル：子どもたちの育成への根本的なアプローチ』　108

シ

サマーヒル学校　108
サレルノ大学、スペイン　20
サレルノのトロータ　21
サロモン、オットー　102〜103
『サン・ダンス・オペラ』　63
サン・ドニ修道院、パリ　18
「サンダウン新聞──教師の机から」　158

ジアマッティ、A.バートレット　119
シール、ジョージ・マッコール　60〜61
シェイクスピア・スクールズ・フェスティバル　180, 181
『ジェーン・エア』　50
シェリー、ウイリアム　64
視覚芸術の教育　172〜173
慈善学校　40〜41
慈善団体による教育、19世紀　40〜43
児童文学の中の教師　140〜141
ジトカラサ　63
詩と教育　158〜159
シドニー・サセックス・カレッジ、ケンブリッジ　30
師範学校　44, 74, 79, 80, 114
シャープ、トム　137
シャガール、マルク　173
社会主義に基づく日曜学校　43
シャトーカ協会　43
シャノン、アナ　56
シャノン・トラスト　180
シャポーン、ヘスター　27
シャポバロバ、タチアーナ　173
『シャムの宮廷でのイギリス人ガヴァネス』　53
ジャラミロ、マリルーシー　105
シャレー校シリーズの小説　140
宗教冊子協会　41
修辞学　14〜15
習字教師　31
習字帳　86
修身　24
修道院の解体、イギリス　30
『自由の芸術　社会的弱者への人文科学教育』　169
シュールマン、クラモール・ヴィルヘルム　64, 65
『授業について学校教員への講義』　44
シュタイナー、ルドルフ　92〜93
ジュリアード・カレッジ、ニューヨーク　170
シュルマン、アンナ・マリア・ファン　26, 27
シュン・リアン・バイナム、サラ　134
ショインカ、ウォーレ　158
小冊子　41
『少女たちの真実にして最大の関心を促すための真剣な提言』　27
ショー、ジョージ・バーナード　154
ジョージ・ピーボディ・カレッジ・フォー・ティーチャーズ　113
乗馬療法　167
ジョーンズ、グリフィス　68
書記　12, 13

初期刊本　22
書記養成学校　12
『植物学入門』　27
女子修道院の教育　16～21, 54～57
『女性インストラクター』　27
『女子高等教育』　85
女性の教育　24～27, 50～53, 80
『女性の権利の擁護』　25
『女性の治療』　21
『女性版スペクテーター』　27
ジョンソン大統領、リンドン B.　110, 111
シリアス・プレイ・センター、ワシントン大学　174
シンシン、ヨハネス　22
新世界　32～35

ス

スイス　70, 93, 96
スウェーデンとスロイド　102
『スキンズ』　152～153
『スクール・オブ・ライフ』　145
スクオラ・マジストラーレ・オルトフレキア　94
スコットランドのドミニー　68, 108
スタニスラフスキー、コンスタンチン　170
スタンリー書簡　66
『素敵な仕事』　137
『ストナー』　134
ストラスバーグ、リー　170, 171
スパークス、ミュリエル　133
スパイ・カートゥーン　37
スパルタの教育　14
スペイン　16, 20, 24, 28
『スペンサーの山』　150
スポーツ教師に授与される賞　179
スポック、マイケル　176
スミス、ゼイディー　137
スミス、セオダーテ　104
スレート（石板）　86
スロイド教育　102～103
『スロイドの教師向けハンドブック』　102

セ

聖コスマスと聖ダミアヌスの修道院、トレド　16
聖ザビエル聖心アカデミー　57
聖心カレッジ、マンハッタン　57
成人教育　125
聖心修道女会　54, 56
聖心の聖ヨセフ修道女会　54
聖トリニアンズ女学院シリーズ　140
『聖トリニアンズ　ブルーマーダー』　140
聖ベネディクトゥス　→　ヌルシアのベネディクトゥス
聖マリア修道院、ウィンチェスター　16
『聖メリーの鐘』　148
セイヤーズ、ドロシー L.　136
聖ヨセフ修道女会　57
聖霊教会　28
セーレム州立大学　44

セネカ（息子）　14
『セパレート・ピース　友情の証』　138
宣教師　21, 40～42, 54～65
先住民教育　64～65
セント・イタズ校、ダブリン　107
セント・エンダズ校、ダブリン　107
セント・ジョンズ・カレッジ、ケンブリッジ　20
セント・ヒルダ・カレッジ、オックスフォード　84
セント・フィリップ・アカデミー、アンドーヴァー、MA　44
尖筆　86
全米青少年管理局（NYA）　125

ソ

僧院付属の学校　16
『ソーラー』　136
ソールズベリー大聖堂付属学校　20
ソーンダイク、エドワード・リー　116
疎開、戦時　130～131
ソクラテス　14
ソルボンヌ　→　パリ大学
そろばん、中国　15

タ

ダートマス・カレッジ　34
第一次世界大戦　120～123
大学、中世　20～21
『大教授学』　24
大恐慌　124～127
大聖堂附属学校　20
『大草原の小さな家』　148, 149
第二次世界大戦　128～131
タイヒェルマン、ゴットリーブ　64, 65
ダヴ、フランシス　80
タゴール、ラビンドラナート　107
タスキーギ・インスティテュート、アラバマ　76, 77, 79
「脱学校化」教育　98
タブレット　86
『男性教師』　134

チ

『小さな世界　アカデミック・ロマンス』　137
チェルトナム・レディズ・カレッジ　80, 83, 84
『チップス先生、さようなら』　37, 127, 132
チャーターハウス校　30
チャールズ１世（イングランド）　31
中国　15, 58, 61, 96
中世　16～21

テ

テ・アロハ公立学校、ニュージーランド　123
ディース、マザー・テレサ　56
ティーチ・フォー・アメリカ　162～165
ティーチャーズ・カレッジ、コロンビア大学、

ニューヨーク　74, 75, 104～105, 116, 117, 173
『ティーチャーズ・ジャーナル（フィラデルフィア）』　113
デイヴィス、エミリー　80, 84～85
デイヴィス・ガードナー、アンジェラ　134
ディクソン、ジョセフ　86
ディグビー・スチュアート・カレッジ、ローハンプトン　118～119
ディケンズ、チャールズ　46, 52, 151
デイム・スクール　32
テイラー、J. ハドソン　58
ディリンガム、リチャード　32
テクノロジーの教室への影響　110, 174～175
デザイン、学校建築　90～91
デスペレス・スクール、セントルイス、ミズーリ　73
哲学者、古代ギリシア　14
『デッドマン・ウオーキング』　57
デューイ、ジョン　73
デュシェーヌ、ローズ・フィリッピーヌ　56
デラウェア・アカデミー　75
デリック、デブ　179
テレビ作品の中の教師たち　148～153
『天使にラブ・ソングを…』シリーズ　143, 145
『デンジャラス・マインド―卒業の日まで―』　143
デンマーク　102

ト

ドイツ　16～19, 22, 28, 51, 65, 70～72, 86, 97, 114～115, 123
ドイル、ロディ　134
ドッジ、グレース・ホードレー　116
トッド、ヘレン M.　105
トリマー、セアラ　40
奴隷制度廃止運動　32

ナ

ナイジェリア大学　36
ナショナル・ティーチャー・オブ・ジ・イヤー、アメリカ（NTOY）　178
ナブー、書記の神　12

ニ

ニール、A.S.　108, 109
日曜学校運動　40～43
日曜学校の教師　41～43
日系アメリカ人の強制収容　128
日本　21, 74, 96, 153, 162, 177～178
『ニュー・イングランド読本』　32
ニュージーランド　64～65, 123, 126～127, 178
ニューメキシコ　105
ニューヨーク市日曜学校連合協会　43
ニュー・ロシェル・カレッジ　33

ヌ

ヌルシアのベネディクトゥス　16

ネ

ネイティヴ・アメリカン　62

ノ

ノウルズ、ジョン　138
ノース・ベネット・ストリート・（インダストリアル）・スクール　103
ノルウェー　102
ノルマン、フィリップ　180

ハ

バーガーズ、マイケル　31
バーキンズ、ネイサン、牧師　35
『ハード・タイムズ』　46, 151
ハーパー、フランシス　159
ハーバード、ジョン　34
ハーバード大学　25, 34, 98, 158, 166, 169
パーマー、アリス・フリーマン　80, 81
ハーロウ校　30, 127
バーンウッド校、ロンドン　91
ハイン、ルイス　68
『蠅の王』　135
『博士と彼女のセオリー』　137, 171
白板　86, 87
バス、フランシス　83
バストン、ジョナス　170
パチーノ、アル　170
ハチャード、マリー＝マドリン　33
パットナム、デヴィッド　180, 181
バトラー、ニコラス・マレー　116
『花より男子』　153
パブロフ、イワン　116
浜田市世界こども美術館　177
ハムデン・アカデミー　75
バラ、シスター・マドレーヌ・ソフィー　56, 57
パラマタ先住民協会　64
『薔薇物語』　18
バリー、マザー・ゴンザガ　55, 56
ハリーポッターシリーズの小説　141
パリ大学　21
バルディング、クレア　168
ハレヴィ、シムハ・ベン・サミュエル　21
ハンタ、エヴァン　133
『パンチ』の風刺漫画　85
ハンプトン・インスティテュート、ヴァージニア　77
ハンプトン師範農業学校　79
ハンマー、アール・ジュニア　150

ヒ

ピアース、パトリック　106〜107
ピアジェ、ジャン　93
ヒーニー、シェイマス　134, 158
ビール、ドロシア　83〜85
ピエタ慈善院、ベニス　28
ピカソ、パブロ　173

フ

『ファースト・クラス』　153
ファーバー・カステル　86
ファレル、エリザベス E.　104〜105
フィラデルフィア・アカデミー　35
フィラデルフィア・インスティテュート　→
　黒人学生のための学校、フィラデルフィア・インスティテュート
フィンランド　102, 103
ブーシェ、エドワード・アレクサンダー　77, 79
ブーバー、マルティン　92, 97
『フェーム』　145
フェリー、ジュール　69
プエルトリコ　98
舞台の上の教師　154〜157
普通教育　66〜69
ブッカー、ヘレナ　123
仏教　15
フライ、キャロル・ウィルソン　163
『ブライズヘッドふたたび』　136
ブライトン、イーニッド　140〜141
ブラウン、ヒューバート O.　115
ブラウン・カレッジ／大学　34, 66
ブラジル　98
ブラジル、アンジェラ　140
プラット大佐、リチャード・ヘンリー　63
プラトン　12, 14
『プラムワイン』　134
フランクリン、ベンジャミン　35
フランス　16〜18, 20〜21, 28, 33, 47, 51, 54〜57, 69, 87, 96, 102, 122, 131, 145, 153, 158, 173
プリマス植民地　32
プリンストン大学　32, 34
ブルーコート学校　32
ブルーコート・スクール　40
「ブルーストッキング」の人びと　27
ブルーナー、ジェローム　93
ブルックリン児童博物館　176
フレイレ、パウロ　98
フレーベル・インスティテュート・ロンドン　118
フレーベル、フリードリヒ　72〜73
ブレシア・カレッジ　33
プレジャン、シスター・ヘレン　57
プレゼンテーション修道女会　54
ブレント＝ダイアー、エレノア　140

［右段］

『ピクニック・アット・ハンギング・ロック』　139
『ピグマリオン』　154〜155
『ヒストリー＝ボーイズ』　156〜157
『美について』　137
ビベス、フアン・ルイス　24
ピューリタン　32
『被抑圧者の教育学』　98
『開かれた言語の扉』　25
『ビリー・エリオット』　→　『リトル・ダンサー』
『ビリー・ブンター』　140
ビリングズリー、マーティン　31
ヒルトン、ジェームス　132
ビンゲンのヒルデガルド　18〜19

へ

ヘイリー、マーガレット　81
ヘヴェル、アンドリュー・ヴァンデン　162
ベーコン、トマス　24
ベーメルマンス、ルードヴィヒ　153
ペスタロッチ、ヨハン　70
ベセル・インスティテュート、ケープタウン　79〜80
ヘッドスタート・プログラム　93
ベッドフォード・カレッジ、ロンドン　83
ベネディクト会の会則　16
ヘラー、ゾーイ　133
ベル、アンドリュー　47
ヘルミック、ハワード　48
ペン、ウィリアム　32
ペンシルヴェニア大学　34
ヘンソンバレー・モンテッソーリ学校　96
ヘンデル、ジョージ・フレデリック　28
ヘンリー7世（イングランド）　30

ホ

ホイットマン、ウォルト　158, 159
法王ベネディクト16世　19
『暴力教室』　133, 142
ポエトリー・アウト・ラウド　158
ポエトリー・バイ・ハート　158
『ポーターハウス・ブルー』　137
ボーフォート、マーガレット伯爵夫人　20
ホーマー、ウィンズロー　45
ホール、サミュエル・リード　44
ホール、スタンレー　104
ボール、マザー・テレサ　55
ホガース、ウィリアム　28
ボストン児童博物館　176
ボストン・ラテン語学校　32
ボディション、バーバラ　85
ポルトガル　20
ホレス・マン・スクール、タルサ、オクラホマ　68
ホワイト、アントニア　138
香港　115
香港の学校教育　115

マ

マーシー修道女会　54
マーシャル・カレッジ、アバディーン　30
マーフィ教授、アン　169

索 引

『マイ・フェア・レディ』 154, 155
マイクロソフト 174
マウント・セント・ジョセフ・カレッジ、ケンタッキー 33
マキューアン、イアン 136
マクガハン、ジョン 134
マッキロップ、マザー・メアリー 54
眞子内親王、日本 36
マサチューセッツ湾 32
貧しい人びとの教育 28
マッカーシー、メアリー 137
『マツモト先生』 147
マドラス・システム 47
『マドレーヌ』 153
マネ、エドゥアール 159
マラルメ、ステファヌ 158, 159
マリッジ・バー 127, 131
マリッツバーグ・カレッジ付属女学校、ピーターマリッツバーグ、南アフリカ 59
マン、ホレス 66, 67

ミ

『ミズ・ヘンペル・クロニクルズ』 134
ミード、L.T. 140
『未開のオーストラリアの子どもたち』 65
ミコ・カレッジ、ジャマイカ 74
ミシガン州立大学 43
『ミス・ブロディの青春』 133, 146, 147
ミストラル、ガブリエラ 158
南アフリカ 59〜61
『南アフリカのスケッチ』 59
『ミュージック・オブ・ハート』 143, 147
ミラー、アン 131

ム

ムーア慈善学校 34
ムークス（MOOCs） 174, 175
ムーン、シャーロット・ロティ 61

メ

メアリー妃 118
メイソン、シャーロット 92
メイナード、ルイザ 80
メキシコ 179
「メサイア」、ヘンデル作曲 28
メスラー、スティーヴ 180
メソポタミア 12
メッド、マリー 90〜91

モナガン、ポール 91
モニトリアル・システム 46〜47
物語の中の教師 132〜141
モファット牧師 59
モリス、F.デニスン 83
モンゴメリー、L.M. 148
モンタギュ、レディ・エリザベス 27
モンテッソーリ、マリア 94〜96
『モンテッソーリ・メソッド』 96
モンロー、ウィリアム 86

ヤ

ヤラバ学校、クイーンズランド、オーストラリア 65

ユ

『勇気あるもの』 147
ユスフザイ、マララ 180
ユダヤ教日曜学校 43
ユニバーシティ・カレッジ、ダブリン 106
ユビナス、ルイス 166

ヨ

幼稚園 72
ヨーク大聖堂付属学校 20
善き羊飼い修道女会 54

ラ

ラーダークリシュナン、サルヴパッリー 178
ラヴデイル・ミッショナリー・インスティテュート 60
ラウネイン、フィオナ 172
ラグビー校 30
ラザフォード校長、ウィリアム・ギノン 37
『ラッキー・ジム』 137
ラテン系の人びとへの教育 105
ラテン語の学習 30, 31
ラトガーズ・カレッジ 34,
ラムスデン、ルイズ 80
ランカスター、ジョセフ 46
ラングドン、メアリー・ジョイ 166〜168
ランスの大聖堂付属学校 20

リ

リーヴ、クレアラ 27
リードヘッド、ゾエ 108
リーフェンス、ヤン 27
『リセス〜僕らの夏休みを守れ〜』 153
『リセス〜僕らの休み時間〜』 153
『リタと大学教授』 155〜157
リッツ、スティーヴン 179
『リトル・ダンサー』 157
『リリーのラテン語文法』 30
リンゴールド、フェイス 173

『りんご白書』 143
リンジー、ジョーン 139

ル

ルーズベルト、エレノア 124, 125
ルーズベルト、フランクリン D. 34, 125
ルソー、ジャン＝ジャック 25
ルター派伝道協会、ドレスデン 64, 65
ルター派のミッション・スクール、アデレード、オーストラリア 65

レ

レイクス、ロバート 41〜42
レオノーウェンズ、アナ H. 52〜53
レグ牧師、ジェイムズ 58
レッジョ・エミリア学校 93
『レッスン！』 143
レッドグレイヴ、リチャード 50, 51
レッドメイン、エディ 171
『廉価版冊子』 40

ロ

ロウ牧師、サミュエル・エヴァンズ 58
ローマ、古代 15, 16, 86
ローラン、ジャン＝アントワーヌ 22
ローリング、J.K. 141, 180
ロシア 43, 103, 173
ロゼッティ、クリスティナ 18
ロックリー、ローランド 26
ロッジ、デビッド 137
ロニー、ケイト・デッドリッチ 110
ロビー、モード・フロシンガム 128
ロレト修道院付属学校、トロント 54
ロレト・カレッジ、カルカッタ 55
ロレト修道女会（IBVM） 54〜56
ロンドン伝道協会 41, 58, 64
ロンドンの働く人のための大学 82

ワ

ワームウッド・スクラブズ・ポニー・センター 166〜168
ワイルダー、ローラ・インガルス 148
『ワイルド・チェンジ』 143
『若い女性と学問、女性は学者になり得るか』 26
『わが家は11人』 150
ワシントン、ブッカー T. 77〜79

画像のクレジット

この本に写真とイラストを掲載することを許可してくださった方々へ感謝を申し上げます。

Page 1 Richard Goerg/Getty Images; 2 Ryan McVay/Getty Images; 7 DEA/S. Vannini/Getty Images;10 Biblioteca Trivulziana, Milan, Italy/Bridgeman Images; 11 BeBa/Iberfoto/Mary Evans; 13 DEA/G. DAGLI ORTI/Getty Images ; 14 Leemage/Getty Images; 15 INTERFOTO/Sammlung Rauch/Mary Evans; 17 Leemage/Getty Images; 18 DEA/J. E. Bulloz/Getty Images; 19 Heritage Images/Hulton Fine Art Collection/Getty Images; 20 The Stapleton Collection/Bridgeman Images; 21 British Library (Coburg 1395 - "Simhah ben Samuel Halevi (Simhah ben Samuel Halevi)" Add. 19776, f.72v); 22 INTERFOTO/Bildarchiv Hansmann/Mary Evans ; 23 DEA/G. DAGLI ORTI/Getty Images; 24 CAGP/Iberfoto/Mary Evans; 25 Mary Evans Picture Library; 26 ©National Trust Images; 27, 28 and 29 Heritage Images/Hulton Fine Art Collection/Getty Images; 30 By permission of the Master and Fellows of St John's College, Cambridge; 31 Mary Evans Picture Library; 33 Courtesy of the Office of Archives and Records Archdiocese of New Orleans; 34 Shutterstock/Jorge Salcedo; 35 Shutterstock/Everett Collection; 36 left Rob Kim/Getty Images; 36 left of centre The Asahi Shimbun/Getty Images; 36 right of centre Emmanuel Arewa/Getty Images; 36 right Ulrich Baumgarten/Getty Images; 37 left Mary Evans Picture Library; 37 top right Hulton Archive/Getty Images; 37 bottom right Library of Congress, Washington DC; 38 DPA/United Archives/Mary Evans; 39 Shutterstock/Reinhold Leitner; 41 Christ's Hospital Museum; 42 Library of Congress, Washington DC; 43 Library of Congress, Washington DC/Prokudin-Gorski , Serge Mikha lovich; 44 Old Stone Museum; 45 National Gallery of Art, Washington DC (Gift of Jo Ann and Julian Ganz, Jr., in Honor of the 50th Anniversary of the National Gallery of Art); 46 Mary Evans Picture Library; 47 De Agostini/M. Seemuller/Getty Images; 49 © National Gallery of Ireland; 50 Michael Ochs Archives/Getty Images; 51 © Victoria and Albert Museum, London; 52 top © McCord Museum; 52 bottom © Look and Learn/Peter Jackson Collection/Bridgeman Images; 54 The Kobel Collection; 55 Loretto Archives Dublin; 56 ©2016, Cathedral Basilica of Saint Louis, photography by M. L. Olsen, all rights reserved; 58 Mary Evans Picture Library; 59 © National Maritime Museum, Greenwich, London; 60 top Wikipedia; 60 bottom electricscotland.com; 61 Wikipedia; 62 Bentley Historical Library/University of Michigan; 63 Division of Culture & the Arts, National Museum of American History, Behring Center, Smithsonian Institution; 64 John Oxley Library, State Library of Queensland; 65 Mary Evans Picture Library; 66 © Illustrated London News Ltd/Mary Evans; 67 Library of Congress, Washington DC; 68 Shutterstock/Everett Historical; 69 Hulton Archive/Getty Images; 70 INTERFOTO/Sammlung Rauch/Mary Evans; 71 Heritage Images/Getty Images; 72 Library of Congress, Washington DC; 73 Missouri History Museum, St Louis; 74 and 75 Library of Congress, Washington DC; 76 and 77 Universal History Archive/Getty Images; 78 Library of Congress, Washington DC; 79 Courtesy of the Oberlin College Archives; 80 The Mistress and Fellows, Girton College, Cambridge; 81 Library of Congress, Washington DC; 82 Grenville Collins Postcard Collection/Mary Evans; 83 By kind permission of the Principal and Fellows' of St. Hilda's College, Oxford; 84 Illustrated London News/Mary Evans; 85 top Hulton Archive/Getty Images; 85 bottom Mary Evans Picture Library; 86 left Markus Matzel/Ullstein Bild/Getty Images; 86 left of centre BeBa/Iberfoto/Mary Evans; 86 right of centre University of Houston Digital Library; 86 right Photofusion/UIG/Getty Images; 87 top left Jeff Pachoud/AFP/Getty Images; 87 top right courtesy of Oklahoma High School; 87 bottom www.fulltable.com; 88 Imagno/Hulton Archive/Getty Images; 89 Shutterstock/Jirayos Bumrungjit; 89 Buyenlarge/Getty Images; 91 left Architectural Association Archives, London; 91 right Timothy Soar/ Allford Hall Monahan Morris Ltd; 92 Mary Evans Picture Library; 93 Everett Collection/Mary Evans; 94 Popperfoto/Getty Images; 95 Kurt Hutton/Picture Post/Getty Images; 96 Marvin Joseph/The Washington Post/Getty Images; 97 Paul Schutzer/The LIFE Picture Collection/Getty Images; 98 Globo/Getty Images; 99 Sueddeutsche Zeitung Photo/Brigitte Friedrich/Mary Evans; 100 Buyenlarge/Getty Images; 101 Francis Benjamin Johnston/Buyenlarge/Getty Images; 102 Wikipedia; 103 top Library of Congress, Washington DC ; 103 bottom Wikipedia; 104 JHU Sheridan Libraries/Gado/Getty Images; 106 Hulton Archive/Getty Images; 107 Culture Club/Getty Images; 108 Alban Donohoe/REX Shutterstock; 109 Keystone Features/Getty Images; 110 FPG/Getty Images; 111 LBJ Library photo by Frank Wolfe; 112 Henry Grant Collection/ Museum of London; 113 Vanderbilt University Special Collections and University Archives; 114 Ulrich Baumgarten/Getty Images; 115 Shutterstock/Monkey Business Images; 116 Jan Rieckhoff/Ullstein Bild/Getty Images; 117 Walter Sanders/The LIFE Picture Collection/Getty Images; 118 Courtesy of Archives and Special Collections, University of Roehampton; 119 Society of the Sacred Heart (England and Wales) Provincial Archives; 120 Daily Mail/REX Shutterstock; 121 Library of Congress, Washington DC; 122 Branger/Roger Viollet/Getty Images; 123 Sir George Grey Special Collections, Auckland Libraries - AWNS-19150527-44-7; 124 Gamma-Keystone/Getty Images; 125 Library of Congress, Washington DC; 126 Hirz/Archive Photos/Getty Images; 127 Gamma-Keystone/Getty Images; 128 Universal History Archive/UIG/Getty Images; 129 University of Minnesota Libraries, Minneapolis MN; 130 Hulton Archive/Getty Images; 131 Popperfoto/Getty Images; 132 Evening Standard/Getty Images; 133 Evening Standard/Hulton Archive/Getty Images; 134 Tim P. Whitby/Getty Images; 135 Paul Schutzer/The LIFE Picture Collection/Getty Images; 136 ITV/REX Shutterstock; 137 Leon Neal/AFP/Getty Images; 138 © National Portrait Gallery, London; 139 and 140 Courtesy Everett Collection/REX Shutterstock; 141 Photo by 7831/Gamma-Rapho via Getty Images; 142 Silver Screen Collection/Getty; 143 Hollywood Pictures/Getty Images; 144-145 Touchstone Pictures/Getty Images; 146 Silver Screen Collection/Getty Images; 147 Pathe/France 2 Cinema/The Kobal Collection; 149 © 1976 NBCUniversal/Getty Images; 150 CBS/Getty Images; 151 ITV/REX Shutterstock; 152 © BBC Photo Library; 153 © ABC/Getty Images; 154 Everett Collection/REX Shutterstock; 155 Photo by Danny Martindale/FilmMagic/Getty Images; 156-157 Alastair Muir/REX Shutterstock; 158 left Justin Williams/REX Shutterstock; 158 left of centre Jean Manzon/Pix Inc./The LIFE Images Collection/Getty Images; 158 right of centre Chris Felver/Getty Images; 158 right Ulf Andersen/Getty Images; 159 top left Library of Congress, Washington DC; 159 top right HSP portrait collection (Collection V88), The Historical Society of Pennsylvania; 159 bottom Imagno/Getty Images; 160 Junko Kimura/Getty Images; 161 © Andrzej Wojcicki/Science Photo Library/Corbis; 162 Teach for America/Tamara Porras; 163 Teach for America/Minesh Bacrania; 165 Teach for America/Mike Carroll; 166 Courtesy of Luis Ubinas/Photographer Michael Falco 167 Paul H Lunnon; 170 Al Seib/Los Angeles Times/Getty Images; 171 Mondadori Portfolio/Getty Images; 172 Blend Images-Hill Street Studios/Getty Images; 173 Shutterstock/withGod; 174 Michael Gottschalk/Photothek/Getty Images; 175 Sam Edwards/Getty Images; 176 Boston Children's Museum/Paul Specht; 177 © Canadian Museum of History; 178 Ravi Prakash/Pacific Press/LightRocket/Getty Images; 179 Brendan Van Meter, Beaconhouse Media. Courtesy of Green Bronx Machine; 180 left MediaPunch/REX Shutterstock; 180 left of centre John Alex Maguire/REX Shutterstock; 180 right of centre Christopher Furlong/Getty Images; 180 right © Tim Clayton/Corbis; 181 top Shakespeare Schools Festival; 181 bottom left Courtesy of Lord Puttnam/Photographer Justine Walpole; 181 bottom right Astrid Stawiarz/Getty Images.

謝辞

著者の謝辞

次の諸機関、諸団体と人びとに深く感謝申し上げます。

IBVM インターナショナル・アーカイブス・ダブリン、オーバリン・カレッジ・アーカイブス、RSCJ アーカイブス・ローハンプトン、クイーンズ・カレッジ・ロンドン・アーカイブス、メアリー・エヴァンス・ピクチャー・ライブラリー、ナショナル・ギャラリー・オブ・アイルランド（アイルランド国立博物館）、ザ・ミュージアム・オブ・ロンドン（ロンドン博物館）、ティーチ・フォー・アメリカ、ザ・ボストン・クレメンテ・プログラム、ワンダ・グレゴリー博士、アン B. マーフィー教授、メアリー・ジョイ・ラングドン IJS、フィオナ・ラウネイン。

アメリカとニュージーランドの教師たちの声を収集した 3 人のオーラル・ヒストリー研究者、アーリーン・アルダ、アン・エルス、ルーサー・ブライアン・クレッグには、特に感謝申し上げます。

最後に、出版社のジュディス・モア、そして画像エディターのエミリー・ヘッジズに感謝申し上げます。

フィル・ルージュ・プレス社（Fil Rouge Press）　謝辞

著者であるディアドラ・ラフテリーのその熱意と勤勉さに感謝申し上げます。そしてバロンズ・エデュケーショナル・シリーズの全関係者の皆さまには信念とこの本へのご協力に感謝申し上げます。

フィル・ルージュ・プレス社（Fil Rouge Press）の担当者一同は、とりわけ私たちを鼓舞してくれた多くの先生にも感謝申し上げます。

ジュディス・モアは両親と以下の先生方に感謝しています。美術教師のオードリー・モアと地理教師で校長のピーター・モア、オックスフォード高校のフランス語の教師のボルハチェット先生、ロード・ウィリアムズ校の英語と演劇の教師のジェラルド・グールド先生。

ジャニス・アットンはローストフト・スクール・オブ・アートのグラフィックスの講師のミック・スパークスマン先生に感謝しています。

エミリー・ヘッジズは英語教師のホワイト先生に感謝しています。ホワイト先生はシェイクスピアを生き生きしたものにしてくれました。そして、大学時代からの友人インガ・ブライデンに感謝しています。ブライデンは今もやる気を与える先生です。

ありがとうございました。

訳者略歴

立石 弘道
（たていし ひろみち）

1965 年　東北大学文学部英文学科卒業
1970 年　慶應義塾大学文学研究科卒業（英文学専攻）
1975 年　ケンブリッジ大学クレア・ホール大学院生（2 年間）
　　　　　ケンブリッジ大学東洋学部でスーパーバイザー（1 年間日本語指導）
1971 年　日本医科大学で専任講師、助教授
1988 年　日本大学芸術学部教授を経て、現在日本大学大学院芸術学研究科講師

日本ロレンス協会元会長（2002 ～ 04 年）、現顧問
第 9 回国際 D.H. ロレンス学会会長（2004 年）
著書　　『D.H. ロレンス「狐とテクスト」』（共編著、国書刊行会、1994 年）
　　　　『D.H. ロレンスと現代』共編著（共編著、国書刊行会、1994 年）
　　　　『ロンドン事典』（共著、大修館書店、2002 年）
　　　　『D.H. ロレンスとアメリカ / 帝国』（共編著、慶應義塾大学出版会、2008 年）
　　　　その他多数
訳書　　ニコラ・ブリオー著『関係性の美学』（谷口光子と共訳）、Ⅰ、Ⅱ、Ⅲ（『藝文巧』
　　　　日本大学大学院芸術学研究科）

ヴィジュアル版 **教師の歴史**
2018 年 5 月 15 日初版第 1 刷　発行

著者
ディアドラ・ラフテリー

訳者
立石弘道

発行者
佐藤今朝夫

発行所
株式会社国書刊行会
東京都板橋区志村 1-13-15
TEL：03-5970-7421
FAX：03-5970-7427
http://www.kokusho.co.jp

印刷
株式会社シーフォース

製本
株式会社ブックアート

ISBN978-4-336-06255-0　落丁・乱丁本はお取り替えいたします。
©Hiromichi Tateishi, 2018, ©Kokushokankokai Inc., 2018. Printed in Japan